青年学者文丛

中关村科技园区企业创新效率研究

李雅文　编著

北京邮电大学出版社
www.buptpress.com

内 容 简 介

随着国际竞争的日趋激烈及市场环境不确定因素的增加,科技园区对于企业技术创新的影响和推动作用日趋明显。本书以中关村科技园区内的企业为蓝本,阐述了科技园区内企业创新效率的影响因素。此外,如何促进不同规模的企业开展高效的创新活动,也是学术界和企业经营者共同关注的话题。本书通过对企业知识生产过程和知识商业化过程分别展开讨论,分析了企业规模的作用机制和企业创新效率的影响因素,对组织惯性理论、资源基础理论、企业联盟研究、产业集群研究都做出了理论贡献,并对企业开展技术并购活动、选择正确的联盟伙伴、选择合适的园区以实现其知识生产和知识商业化效率的提升提供了实践指导。

本书适合企业技术并购、企业联盟等研究领域的学者阅读,也适合科技园区中的企业经营者借鉴参考。

图书在版编目(CIP)数据

中关村科技园区企业创新效率研究／李雅文编著. -- 北京:北京邮电大学出版社,2019.8
ISBN 978-7-5635-5848-3

Ⅰ.①中… Ⅱ.①李… Ⅲ.①高技术园区—企业创新—研究—海淀区 Ⅳ.①F279.244

中国版本图书馆 CIP 数据核字(2019)第 177870 号

书　　　名:	中关村科技园区企业创新效率研究
作　　　者:	李雅文
责任编辑:	刘春棠
出版发行:	北京邮电大学出版社
社　　　址:	北京市海淀区西土城路 10 号(邮编:100876)
发　行　部:	电话:010-62282185　传真:010-62283578
E-mail:	publish@bupt.edu.cn
经　　　销:	各地新华书店
印　　　刷:	北京玺诚印务有限公司
开　　　本:	720 mm×1 000 mm　1/16
印　　　张:	11.25
字　　　数:	216 千字
版　　　次:	2019 年 8 月第 1 版　2019 年 8 月第 1 次印刷

ISBN 978-7-5635-5848-3　　　　　　　　　　　　　　　定 价:38.00 元

· 如有印装质量问题,请与北京邮电大学出版社发行部联系 ·

前　言

不同规模的企业在创新效率上存在怎样的差异,是学者与企业经营者长期共同关注的话题。不同规模的企业拥有的资源优势不同,与外界进行战略合作以提升自身创新效率的手段和方式也不同,因此引起不同规模企业创新效率差异的因素也有很多。但是,学术界对于企业规模通过何种机制影响企业的创新效率尚缺乏研究。

基于我国中关村示范区样本企业的数据,本书探讨了企业规模与企业创新效率之间的差异,以及哪些因素会造成这种差异。由于大型企业在创新过程中的外部知识学习与资源交换同小型企业相比存在较大区别,因此本书试图分析现有的组织惯性理论、资源基础理论难以完全解释的企业规模与技术并购的交互作用机制问题,现有企业联盟研究较少细化的联盟级别与联盟类型问题,和现有的产业集群研究较少涉及的园区特征等影响因素,从整体上探讨不同规模企业与外部环境之间的交互作用及其对于企业创新效率的影响。

本书遵循"理论梳理—实证检验—实验检验"的思路阐述企业规模通过何种机制影响企业的创新效率,依据以上思路,本书共分为以下三个部分。

第一部分为企业创新效率影响因素的理论梳理篇,包括第1～3章。第1章是本书的绪论部分,重点阐述本书的研究背景、研究的理论意义和实践意义、研究的主要问题、研究设计(包括研究框架和研究方法等)。第2章是相关研究综述,主要梳理企业效率、组织惯性、资源基础观、企业技术并购、企业联盟、产业集群等领域的相关文献,对已有的研究成果与现有研究存在的空缺进行梳理。第3章是本书的理论模型和研究假设部分,主要通过理论研究提出"技术并购—联盟—园区"的研究模型以及这三个层面所对应的研究假设。

第二部分为企业创新效率影响因素的实证检验篇,包括第4～8章。第4章对于本书的实证研究设计进行详细的介绍,说明实证检验部分的数据来源与收集过程,并通过描述性统计对样本企业所处的行业、企业年龄、企业规模等基本信息进行初步的介绍,最后结合第3章提出的研究假设,提出所选取的实证研究模型。第5章主要探讨企业规模与企业效率之间的关系，本章通过统计检验了企业规模与企业知识生产效率、企业知识商业化效率和企业综合效率之间的关系。第6章主要探讨企业技术并购行为对企业效率的影响，本章通过统计检验了企业技术并购对于企业规模与企业效率之间关系的调节作用。第7章主要探讨企业联盟级别、联盟类型对企业效率的影响，本章通过统计检验了企业所加入的联盟级别（国家级联盟和区域级联盟）或联盟类型（是否加入产学研联盟）这两个方面的因素对于企业规模与企业效率之间关系的调节作用。第8章主要探讨企业所处科技园区特征对企业效率的影响，本章通过统计检验了企业所处园区成熟度和企业所处园区的行业聚集度这两个方面的因素对于企业规模与企业效率之间关系的调节作用。

第三部分为企业创新效率影响因素的实验检验与总结展望篇，包括第9章和第10章。第9章将人工智能方法与企业的数据相结合，运用决策树、随机森林、神经网络和XGBoost模型，对于上述几章中影响企业效率的因素进行实验检验，并比较了多种模型在预测企业效率方面的优劣。第10章是对全文的总结与展望，给出了本书取得的结论，并给出了本书的主要创新点和相关管理启示，最后指出了本书存在的局限性与今后研究的方向。

本书构建了全面反映企业与外部环境知识和资源交互过程的独特数据库，并采用多种统计分析方法及实验方法对相关研究假设进行了实证检验。研究发现，整体而言企业规模与企业知识生产效率负相关，与企业知识商业化效率正相关，与企业综合效率呈倒U形关系。在技术并购方面，开展技术并购活动有利于大型企业提升知识生产效率，有利于小型企业提升知识商业化效率。在企业联盟方面，加入国家级的联盟有利于大型企业提升其知识生产效率，加入国家级联盟有利于小型企业提升其知识商业化效率；加入区域级别的联盟对企业效率的影响并不显著；加入产学研联盟对大型企业的知识生产效率有显著的正向影响，对企业的知识商业化效率没有明显影响。在园区特征方面，成熟度较高的园区比较有利于大型企业提升知识生产效率和商业化效率，成熟度较低的园区比较有利于小型企业提升知识生产效率和商业化效率；行业聚集度较高的园区有利于小型企业提升其知识生产效率和商业化效率，行业聚集度较低的园区有利于大型企业提升其知识生产效率和商业化效率。

本书通过对企业知识生产过程和知识商业化过程分别展开讨论，分析了企业规模的作用机制和企业效率的影响因素，对组织惯性理论、资源基础理论、企业联盟研究、产业集群研究都做出了理论贡献,并对企业开展技术并购活动、选择正确的联盟伙伴、选择合适的园区以实现其知识生产和知识商业化效率的提升提供了实践指导。

  本书的顺利出版,要感谢北京邮电大学引进人才科研启动经费的支持,感谢清华大学经管学院李纪珍老师的宝贵意见。书中不足与疏漏之处,恳请读者批评斧正。

李雅文

2019 年春于北京邮电大学经管楼

目　　录

第 1 章　绪论 … 1

1.1　问题的提出 … 1
1.2　理论和实践贡献 … 3
1.2.1　理论意义 … 3
1.2.2　实践意义 … 4
1.3　本书的内容概述 … 5
1.3.1　企业规模对企业效率的影响 … 5
1.3.2　企业技术并购对企业规模与效率之间关系的调节作用 … 5
1.3.3　企业联盟对企业规模与效率之间关系的调节作用 … 6
1.3.4　企业所处的园区特征对企业规模与效率之间关系的调节作用 … 6
1.4　本书的研究方法和研究路径 … 6
1.4.1　研究框架 … 6
1.4.2　研究方法 … 7

第 2 章　企业规模与效率之间关系的研究现状 … 10

2.1　企业规模的定义和分类 … 10
2.2　企业创新效率的相关研究 … 12
2.2.1　企业效率的相关理论 … 12
2.2.2　企业创新效率的测量及最新研究进展 … 13
2.2.3　组织规模对企业效率的影响 … 15
2.2.4　企业规模对企业效率的影响作用机制 … 16

2.3 企业规模与效率之间关系的影响因素 ·· 18
　　2.3.1 企业技术并购 ·· 18
　　2.3.2 企业联盟理论 ·· 20
　　2.3.3 产业集群理论 ·· 23
2.4 本章小结 ·· 26

第3章 "技术并购—联盟—园区"研究模型 ·································· 27

3.1 "技术并购—联盟—园区"研究模型 ·· 27
3.2 企业规模的作用 ·· 28
3.3 企业开展技术并购的作用 ·· 32
3.4 企业加入联盟的作用 ·· 35
　　3.4.1 企业加入联盟级别对不同规模企业创新效率的影响 ············ 35
　　3.4.2 企业加入联盟类型对不同规模企业创新效率的影响 ············ 40
3.5 企业所在园区特征的作用 ·· 44
　　3.5.1 企业所在园区成熟度对不同规模企业创新效率的影响 ·········· 44
　　3.5.2 企业所在园区行业聚集度对不同规模企业创新效率的影响 ······ 47
3.6 本章小结 ·· 50

第4章 "技术并购—联盟—园区"研究模型的设计 ························· 52

4.1 数据来源与收集过程 ·· 52
4.2 数据样本的描述性统计 ·· 54
4.3 模型变量相关性分析 ·· 57
4.4 实证研究模型的选取 ·· 57
4.5 本章小结 ·· 59

第5章 企业规模与企业效率之间的关系研究 ······························· 60

5.1 研究设计 ·· 60
　　5.1.1 自变量 ·· 60
　　5.1.2 因变量 ·· 60

5.1.3 控制变量 ………………………………………………………… 63

5.2 研究结果 ……………………………………………………………… 65

5.3 本章小结 ……………………………………………………………… 72

第6章 企业技术并购对企业规模与效率之间关系的影响研究 …………… 74

6.1 企业技术并购对企业规模与效率之间关系的影响研究模型 ………… 74

6.2 本章小结 ……………………………………………………………… 81

第7章 企业加入联盟对企业规模与效率之间关系的影响研究 …………… 83

7.1 企业加入联盟对企业规模与效率之间关系的影响研究模型 ………… 83

7.2 本章小结 ……………………………………………………………… 103

第8章 企业所处园区对企业规模与效率之间关系的影响研究 …………… 106

8.1 企业所处园区对企业规模与效率之间关系的影响研究模型 ………… 106

8.2 本章小结 ……………………………………………………………… 120

第9章 企业规模影响企业创新效率的实验研究 ………………………… 122

9.1 相关研究 ……………………………………………………………… 123

9.1.1 机器学习在企业管理领域的应用 ………………………… 123

9.1.2 数据来源与数据标签 ……………………………………… 125

9.1.3 数据模型 …………………………………………………… 126

9.2 实验研究 ……………………………………………………………… 128

9.2.1 数据预处理 ………………………………………………… 128

9.2.2 模型评估 …………………………………………………… 129

9.3 分析与讨论 …………………………………………………………… 132

9.4 本章小结 ……………………………………………………………… 133

第10章 总结与展望 ……………………………………………………… 135

10.1 本书结论 …………………………………………………………… 135

10.2 本书的理论意义 …………………………………………… 138
10.3 本书的实践意义 …………………………………………… 139
10.4 本书创新点 ………………………………………………… 141
10.5 对未来研究的启示 ………………………………………… 142

参考文献 ………………………………………………………… 145
后记 ……………………………………………………………… 166

第1章 绪 论

1.1 问题的提出

党的十九大明确提出要加快建设创新型国家,加大对企业创新的扶持力度,鼓励企业与高校、科研机构开展合作创新。在这个创新创业氛围方兴未艾、科技强国理念深入人心的时代,越来越多的初创企业作为主要的创新载体,积极抓住良好的发展机遇,为我国加速调整产业结构、进入创新型国家行列发挥着至关重要的作用。

自从熊彼特提出大型企业是技术创新的主要来源开始,企业规模与创新绩效之间的关系就受到了学术界的广泛关注(Schumpeter,1942)。由于实证检验中得出了许多与熊彼特假设不同或相反的结论,企业规模与技术创新的关系一直是学者争论的焦点。在企业管理的实践中可以观察到,许多小型、微型企业受到自身资源、能力等具体条件的限制,在技术创新过程中举步维艰。同时,一些大型、中型企业在组织灵活性、路径依赖等方面的劣势,也使得它们的创新能力有待提升(Cohen et al.,1996;Rogers,2004;Hong et al.,2017)。因而,如何促进不同规模的企业开展高效的创新活动,也是企业经营者共同关注的话题。

对于不同规模的企业来说,充分发挥自身优势和特点与外界积极互动,从外部环境中获取自身创新过程所需的资源和支持,可以帮助企业弥补由自身规模带来的限制与不足,有效提高其创新效率。在当今"大众创业、万众创新"的时代背景下,科技园区对企业技术创新的影响和推动作用日趋明显(Ratinho et al.,2010;陈向东 等,2014;刘志春 等,2015a)。从全国各个国家级高新区的范围来看,中关村示范区已经成为最有生命力和发展前景的园区之一。中关村示范区的总收入、净利润、税费等经济总量指标遥遥领先其他国家级高新区,已连续多年稳居国家级高新区榜首;2015年中关村总收入占国家级高新区的比重达16.1%,规模超过位列第2~5位的高新区收入的总和。软件开发、信息服务与信息制造、生物医药等高新技术企业和知识密集型企业在园区中不断涌现,并且成为中关村示范区的重点培养目标。这些企业如何与科技园区的特点与政策相结合,通过园区内部激励创新的公平竞争环境,技术创新的市场导向机制,以及完善的吸引、培养人才机制,提升企业的创新绩效,是值得园区和企业的管理者与学者深入探讨的重要问题,学者对此开展了大量的研究(Löfsten et al.,2002;龚丽敏 等,2012;潘剑英,2014)。但是已有研究多将整个中关村示范区视为一个整体,而忽视了对其"一区十六园"各个园区内部的具体因素具体分析。由于历史沿革、地理位置等复杂因素的影响,每个园区内部的基础设施、人员素质、资源优势等都有着很大的差异。因此,每个园区特有的属性对于其内部企业的创新绩效表现起到了更加决定性的作用,值得进行更深入的研究。

位于科技园区中的企业除了与园区内部的其他企业密切合作,共享信息、知识和创新成果之外,更应注重通过技术并购、企业联盟等形式加强与外部的交流。随着国际竞争的日趋激烈及市场环境不确定因素的增加,企业迫切需要以最快的速度创造出与外界市场环境相适应的知识、产品及服务,这些仅依靠与园区内的企业合作是远远不够的(Link et al.,2003)。为此,企业往往通过共享技术开发和研究成果等知识来扩展本身的有限资源,通过与其他组织的合作与联盟来一起分担成本与风险,从而不断开展知识创新,来实现提高自身竞争力的目的(Gulati,1999;Sampson,2007;Phelps,2010)。因而,在当今信息化和全球化的背景下,研究科技园区中的企业开展技术并购、加入企业联盟的类型与动因,并提出克服企业间知识流通障碍的相应对策是很有必要的。

由于数据可得性等原因,之前的研究主要是对于数量有限的企业进行统计回归,样本涵盖范围不全、假设检验手段不够严谨等问题导致得出的研究结果与实际情况存在一定的偏差,并不完全适用于对不同规模的企业创新效率的分析。目前随着信息技术的进步和处理数据能力的提升,人们可以通过全新的手段和方式来加深对企业创新绩效影响因素及其作用机制的理解。这种采用完全客观数据的模型是对创新绩效评估方法的重大创新,在一定程度上有助于企业突破传统决策理论"有限理性"的基本假设。目前,类似的实验处理方法已被牛津大学技术与管理发展研究中心用于为投资者开发新技术估值模型,并且展现出了良好的预测能力。在本书中,通过神经网络模型的建立,对中关村示范区的企业在2005—2015年期间的数据进行学习,并不断修改参数以确定最优权值,从而在大量模式未知的复杂数据中发现隐藏的规律,提高预测的准确度和效度。神经网络的自学习与自适应特性使其在权值的确定方面具有相当的优越性,因而使用该模型进行企业创新效率的评估成为未来值得研究的方向。

1.2 理论和实践贡献

1.2.1 理论意义

本书通过对企业规模、企业技术并购、企业加入联盟级别和类型、企业所处园区特征以及企业效率之间的关系进行了理论梳理与实证检验,对现有研究领域做出了以下四方面的理论贡献。

第一,本书通过对企业规模对于企业创新效率作用过程的分析,将科技园区内的企业效率分为知识生产效率与知识商业化效率两方面来讨论,对现有的单一绩效评估体系起到了较为重要的补充作用。本书认为,前人对于企业规模和效率之间关系的实证研究之所以出现较为复杂而不一致的结果,除了受到样本选择、企业所处环境的影响,更主要的原因是对于创新绩效测度采取的标准不一(Guan et al.,2010a;Guan et al.,2012)。本书为了探究企业规模对效率产生影响的原因及具体机制,使用 DEA 模型分别计算出了企业的知识生产效率和知识商业化效率,并且对于这两种不同的创新过程分别展开分析。

第二,本书从企业规模对于两种企业效率发挥作用的本质入手,探讨了不同规模企业如何利用自身特点,通过技术并购等形式有效获取外部资源,并与其他企业进行战略合作与信息交换,进而提升自身创新效率。从熊彼特提出大型企业相比小型企业有更高的创新积极性开始,企业规模与创新绩效之间的关系就受到了学术界的广泛争论。Arrow 等人(1954)认为大型企业垄断性的市场结构会导致企业缺乏创新,而 Mansfield(1962)则认为企业规模与创新呈倒 U 形的关系,即企业创新效率随着企业规模的增加,呈现先升高再降低的特点。因而,结合企业技术并购行为的影响,从组织惯性、资源基础观等理论视角入手,探讨作用于不同类型企业效率的因素,可以对已有的理论框架进行丰富和补充。

第三,本书通过对不同规模企业的合作方式展开探讨,对现有的企业联盟相关研究进行了补充(Sampson,2007;Kale et al.,2007;Bouncken et al.,2016)。将企业所加入的联盟按地区分为国家级、区域级两类,同时考虑企业是否加入产学研联盟,以及产学研联盟内高校与科研机构的分布对联盟绩效的影响。通过对不同联盟内组织间学习的动力机制、学习过程等进行系统研究,探讨了不同联盟对于企业创新效率的影响,探讨了导致不同规模企业从联盟中获取知识效果不同的根本原因,填补了之前的实证研究在这方面的不足。

第四,本书将中关村示范区内部的"一区十六园"按照不同成熟度划分为形成期、成长期和成熟期三类,此外还计算出园区的行业聚集度水平,分别研究不同类型的园区对于其内部企业的影响。对于园区特征的细化研究,是一个对科技园区发展来说较为新颖又至关重要的研究问题。过去的实证研究主要将中关村示范区等具有代表性的科技园区作为一个整体,统一考察其投资环境、服务体系的建设(Gordon et al., 2014)。然而随着科技园区的快速发展和扩张建设,越来越多的研究开始注意到新建立的园区在成长模式和发展空间方面,与成熟的大型园区相比差别很大,同时不同园区内的行业聚集程度差别也很大。因而,对于大型园区内部不同分区的具体特征进行细化研究很有必要。本书既是对产业集群理论的补充,也是对创新效率影响因素(前因)的探索,并在这两个研究领域之间建立了一定的联系。本书指出了处于不同历史发展阶段的科技园区在发展过程中各自具备的优势与限制因素,也为之后这一领域的研究提供了借鉴。

1.2.2 实践意义

由于本书的对象是与科技园区中企业创新密切相关的企业规模、企业技术并购行为、企业加入联盟种类、企业所处园区特征等要素,因此对于我国科技园区中的企业具有较强的现实指导意义。

首先,本书指出企业规模对科技园区内企业效率起到重要的影响。研究发现,大型、中型企业的知识生产效率普遍偏低,需要提升组织管理的灵活性,及时捕捉和充分利用创新机会,提升研发项目的成功率;小型、微型企业的知识商业化效率普遍偏低,需要在发展过程中重视新产品的应用和推广,与市场合作伙伴建立良好的合作关系(Lundvall et al., 2000)。同时,本书分析了企业技术并购对于提升科技园区内企业效率的作用。研究发现,开展技术并购活动有助于经济实力雄厚的大型企业向技术创新能力强的小型企业收购特定的专利或技术,从而提升自身创新能力和效率。

其次,本书可以为不同规模的企业加入联盟的战略选择提供指导性建议。企业联盟是企业与其他联盟成员之间交流的平台,联盟内部的成员有着共同的目标,通过与联盟伙伴进行互补性资源或知识技能的共享,共同实现技术创新能力与企业竞争优势的提升(Sarka et al., 2001)。不同规模的企业所具有的资源优势不同,所产生的合作需求不同,因而其倾向于选择的联盟种类不同,与国家级联盟、区域级联盟或产学研联盟成员的合作方式、合作效果也不同。因此,本书对不同规模企业在不同种类联盟中的学习模式进行探讨,能够起到一定的指导实践的作用。

最后,本书的结论突出了不同成熟度、不同行业聚集度的科技园区对于企业创新效率的影响,一方面为企业管理者结合企业发展阶段与实际情况,选择合适的科技园区提供了指导(Phan et al.，2005);另一方面也为不同类型的园区如何通过提供合适的资源,改善自身的管理制度,帮助企业进行创新提供了参考。

1.3 本书的内容概述

本书的核心问题之一是,不同规模企业所拥有的资源优势、组织结构特点等将如何影响其知识生产效率,不同规模的企业所占有的市场资源、市场地位和销售渠道等又将如何影响企业的知识商业化效率,以及企业规模是否为影响企业综合效率的重要前因变量。

同时不应忽视的是,企业规模对创新过程的影响会受到外部因素的调节作用。随着产品更迭周期的加快,企业仅仅依靠规模化大生产已难以满足多样化的市场需求,越来越多的外部资源在提升企业创新效率过程中也发挥了不可忽视的作用(Brunswicker et al.，2015;Van et al.，2008;Cassiman et al.，2006)。技术并购、联盟以及园区将会有效拓展企业自身的边界,在更广阔的范围内实现资源的优化配置。企业自身的资源优势、组织结构特征与企业开展的技术并购行为、企业所加入联盟、企业所处园区之间的关系并不是独立存在的。从企业知识学习的广度来看,这三个层面逐层递进,缺一不可。因此,本书关注的另一个核心问题是,不同规模企业如何充分结合自身战略需求进行外部资源获取,以及资源获取的方式和渠道对其创新效率的影响(Howard et al.，2016;Lin et al.，2014)。

1.3.1 企业规模对企业效率的影响

由于企业规模是每一家企业独有的特性,对于园区内部企业的运营方式产生很大的影响,因此本书从几个层面对其重要性进行探讨。

首先,在企业知识生产效率层面,企业规模大小如何影响其对于新技术、新产品的研发效率?什么规模的企业会有更高的知识生产效率?

其次,在企业知识商业化效率层面,企业规模大小会如何影响其对于新产品进行生产和市场推广的效率?什么规模的企业会有更高的知识商业化效率?

最后,本书将企业创新效率定义为企业从创新投入到产出过程的综合效率,并探讨企业规模大小如何影响企业的综合效率,企业规模与综合效率之间的关系是非线性还是线性的,什么规模的企业会有更高的综合效率。

1.3.2 企业技术并购对企业规模与效率之间关系的调节作用

本书尝试将企业技术并购行为对企业效率的分析拓展到中关村示范区的企

业中,探讨对于开展不同技术并购行为的企业而言,企业规模如何影响其效率表现,在这个过程中还会受到哪些其他因素的影响。

具体而言,本书将考察企业开展技术并购行为对于企业规模与效率之间关系的调节作用。当企业开展较多的技术并购行为时,其规模与知识生产效率之间的关系会呈现怎样的特点?当企业开展较多的技术并购行为时,其规模与知识商业化效率之间的关系会受到什么样的影响?不同规模的企业分别开展怎样的技术并购行为能够取得更高的创新效率和更长远的发展?

1.3.3 企业联盟对企业规模与效率之间关系的调节作用

本书还将考察不同级别的企业联盟(国家级、区域级)对于企业知识生产效率和知识商业化效率是否存在不同的作用;加入包含较多高校和学术、科研机构的产学研联盟的企业,是否会比只加入非产学研联盟的企业具有更高的知识生产效率和知识商业化效率;如果企业不加入联盟,会对其效率产生什么样的影响。

1.3.4 企业所处的园区特征对企业规模与效率之间关系的调节作用

本书尝试将园区对企业效率的分析拓展到中关村示范区的企业中,探讨对于处在不同园区的企业而言,企业规模如何影响其效率表现;在这个过程中还会受到哪些其他因素的影响。

具体而言,本书考察了企业所在园区成熟度对于企业规模与效率之间关系的调节作用。当企业位于成熟度较高的园区时,其规模与效率之间的关系会呈现怎样的特点?当企业位于成熟度较低的园区时,其规模与效率之间的关系会呈现怎样的特点?不同规模的企业分别选择什么样的园区能够取得更好的发展?

本书还将考察企业所在园区的行业聚集度对企业规模与效率之间关系的调节作用。当企业位于行业聚集度较高的园区时,其规模与效率之间的关系会呈现怎样的特点?当企业位于行业聚集度较低的园区时,其规模与效率之间的关系会受到怎样的影响?不同规模、不同行业的企业分别选择什么样的园区能够取得更好的发展?

1.4 本书的研究方法和研究路径

1.4.1 研究框架

通过对以上研究问题的整合,本书提出了"技术并购—联盟—园区"研究框架来分析企业规模、企业资源获取方式与企业效率三者之间的关系,如图1.1所示。本书认为,企业规模与企业效率之间的关系、企业技术并购行为对企业创新效率的影响、企业加入的联盟种类以及企业所处的科技园区特征对企业效率的影响并非是各自独立的,而是共同构成了一个有机的整体,反映了企业规模通过外部资源获取方式发挥作用进而影响企业效率的完整机制。

本书首先分析了中关村示范区的企业规模对于知识生产效率、知识商业化效率和综合效率的作用。其次,分别探讨了企业技术并购行为、企业所加入的联盟类型、企业所处的园区成熟度,以及园区的行业聚集度及数量对企业规模与效率之间关系产生的调节作用。第3章中将结合相关理论,对此模型进行深入分析。

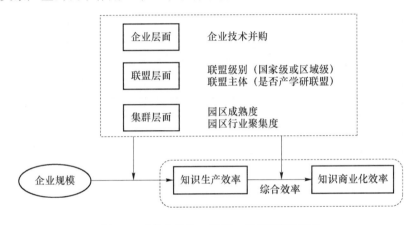

图1.1 "技术并购—联盟—园区"研究框架

1.4.2 研究方法

针对本书的主题以及研究对象科技园区企业的特性,将采用文献梳理、理论分析、数据包络分析模型、统计检验、实验建模等研究方法对1.3节中提出的研究问题进行系统和全面的分析。

文献梳理:针对研究涉及的主要概念——企业规模、企业创新效率等进行广泛的文献检索和阅读,对组织惯性理论、资源基础理论、企业技术并购理论、企业联盟理论、产业集群理论等与本书主题紧密相关的理论的主要内容、发展脉络、研究成果进行系统的梳理,为本书所提出的理论模型提供可靠的理论基础。

理论分析:结合对相关理论的综述以及已有的研究成果,从本书的研究问题出发,开展对科技园区企业效率影响机制的理论分析,提出与建立理论模型,同时提出相关研究假设。

数据包络分析(data envelopment analysis,DEA)模型:由于每一家企业的投入和产出都需要同时使用一系列指标进行衡量,因而在计算企业每年的知识生产效率和知识商业化效率时，本书采用了 DEA-CCR 模型来处理这种"多输入—多输出"的情况。这种模型不需要提前进行任何权重假设，而是以决策单元输入输出的实际数据来计算每一家企业的最优权重，消除了不少主观因素的影响，而且能够更加准确地描绘实际情况，在对于企业效率的评价方面具有优势。

统计检验：本书首先对 2005—2015 年期间中关村示范区的企业原始数据进行梳理与整合，将企业规模、地理位置、所处行业、创新投入和产出等相关因素进行提炼和编码，使其适用于定量分析。其次，本书将已有数据库中的相关企业信息与"企业信用网"等渠道的内容进行匹配与核对，同时获得关于企业所有制、技术并购活动、加入联盟类型等方面的信息，以丰富数据内容。最后，本书使用经过编码和匹配得到的数据，根据相关理论提出的假设设计非平衡面板数据回归模型，研究假设的显著性进行检验和分析。同时，对回归结果进行稳健性检验（robustness check），以便更加准确地验证企业规模与企业效率之间的关系及其调节因素，从而对理论模型进行进一步的修订，得出完整的研究结论。

实验建模：由于研究对象包含中关村示范区企业长达 11 年的各项指标，这些海量复杂数据为计算机模型的结构设计、参数选取和算法训练都提供了强有力的支持。因而，可以考虑使用与大数据和人工智能相关的研究方法，对已有数据进行更深一步的挖掘和分析。在本书中，选择神经网络模型，通过线性加权、函数映射等方式，对已有数据进行存储和学习，用优化学习算法实现对网络结构和权值的调整，最终使模型具有一定的逻辑推理和判断能力，以达到对未来企业发展提供创新效率预测和创新实践指导的目的。

结合拟定的研究主题与研究方法，本书的技术路线如图 1.2 所示。

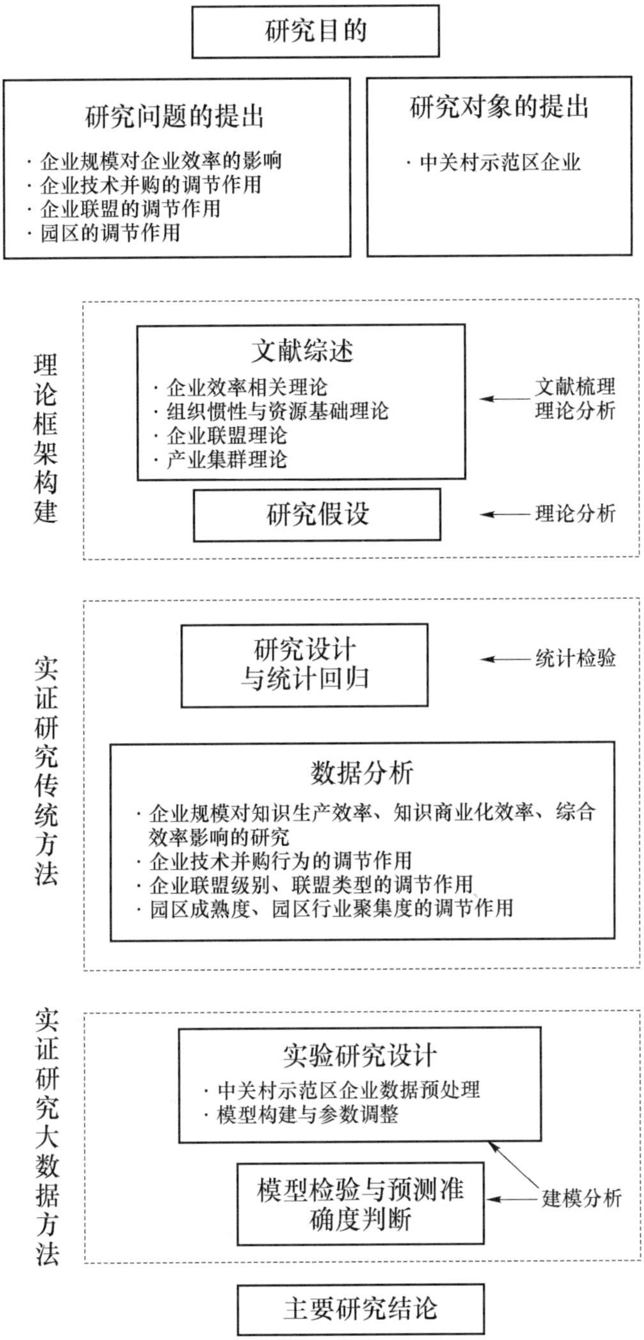

第1章 绪　论

```
                    ┌──────────────┐
                    │   研究目的    │
                    └──────────────┘

    ┌─────────────────────────┐    ┌─────────────────────┐
    │     研究问题的提出       │    │    研究对象的提出    │
    │ ·企业规模对企业效率的影响 │    │ ·中关村示范区企业    │
    │ ·企业技术并购的调节作用   │    │                     │
    │ ·企业联盟的调节作用      │    │                     │
    │ ·园区的调节作用          │    │                     │
    └─────────────────────────┘    └─────────────────────┘
```

理论框架构建

- 文献综述
  - 企业效率相关理论
  - 组织惯性与资源基础理论
  - 企业联盟理论
  - 产业集群理论 ← 文献梳理 理论分析
- 研究假设 ← 理论分析

实证研究传统方法

- 研究设计与统计回归 ← 统计检验
- 数据分析
  - 企业规模对知识生产效率、知识商业化效率、综合效率影响的研究
  - 企业技术并购行为的调节作用
  - 企业联盟级别、联盟类型的调节作用
  - 园区成熟度、园区行业聚集度的调节作用

实证研究大数据方法

- 实验研究设计
  - 中关村示范区企业数据预处理
  - 模型构建与参数调整
- 模型检验与预测准确度判断 ← 建模分析

主要研究结论

图 1.2　本书的技术路线图

第 2 章 企业规模与效率之间关系的研究现状

2.1 企业规模的定义和分类

企业规模描绘了劳动力、资本、信息等生产要素和产品能够在企业内部集中的程度(聂根红 等,1991;孙晓华 等,2014)。对于企业规模的另一种定义认为,企业规模可以被看作是生产规模和经营规模的有机结合,后者主要是指企业从事经济活动的空间广度。企业通过开展创新活动来应对外部市场的竞争压力时,需要企业内部充足的资源支持。除了这些有形的资源,还有很多无形资源,如企业声誉、企业文化等都受到企业规模的影响(田志龙 等,2003;卫武,2006)。综合来看,作为反映企业资源多寡的一个重要指标,企业规模在很大程度上决定了企业能否根据自身需求主动选择下一步的行动目标,而不会受到市场或其他企业战略行为的制约(Schiffer et al.,2001)。

在明确了企业规模的具体定义之后,本书进一步综述企业规模通常受到哪些具体因素的影响。在企业规模相关理论发展初期,Smith(1776)认为企业规模主要受到劳动分工和市场范围的限制。新古典企业模型认为,企业的规模主要取决于其生产效率或单位产出的平均成本,因而企业的最佳规模是由生产效率决定的。后来的学者从不同角度出发对企业规模的影响因素进行了细化,其中最为常见的是 Coase(1937)、Williamson(1985)等人提出的交易成本理论,即随着资产专用性的提升,交易成本将不断上涨,当企业组织交易的成本低于市场组织交易的成本时,企业将通过纵向一体化来扩大企业规模。随后,"GHM"模型提出产权保护程度对企业规模有着重要的影响,即"企业的边界由剩余控制权定义的产权决定"(Grossman et al.,1986;Hart et al.,1990)。近年来的一些研究表明,企业规模本身会受到薪酬激励、管理者经营决策能力等的影响。

衡量企业规模的标准有很多种,常用的指标有从业人数、企业总资产、销售收入等。使用这三种指标划分企业规模,在研究企业规模与创新绩效的关系方面都具有一定程度的优势。例如,从业人数能够间接反映企业投入创新活动的劳动力,是国际上通用的划分方法;企业总资产能够反映企业通过占有的资源开展创新活动的能力;而销售收入代表了企业的市场占有率和创新成果转化能力。以上三种指标在本书使用的样本数据库中都有比较完整的信息。在本书中,将中关村示范区的全部企业划分为大型、中型、小型、微型这四类。其中,参照工业和信息化部、国家统计局、国家发展改革委、财政部制定的《统计上大中小微型企业划分办法(2017)》,对于不同行业的企业依照不同的标准来划分其企业规模。该规定所适用的各行业中的划型标准具体如图 2.1 所示。大型、中型和小型企业须同时满足所列指标的下限,否则下划一档;微型企业只需满足所列指标中的一项即可。

行业名称	指标名称	计量单位	大型	中型	小型	微型
农、林、牧、渔业	营业收入(Y)	万元	$Y \geq 20\,000$	$500 \leq Y < 20\,000$	$50 \leq Y < 500$	$Y < 50$
工业	从业人员(X)	人	$X \geq 1\,000$	$300 \leq X < 1\,000$	$20 \leq X < 300$	$X < 20$
	营业收入(Y)	万元	$Y \geq 40\,000$	$2\,000 \leq Y < 40\,000$	$300 \leq Y < 2\,000$	$Y < 300$
建筑业	营业收入(Y)	万元	$Y \geq 80\,000$	$6\,000 \leq Y < 80\,000$	$300 \leq Y < 6\,000$	$Y < 300$
	资产总额(Z)	万元	$Z \geq 80\,000$	$5\,000 \leq Z < 80\,000$	$300 \leq Z < 5\,000$	$Z < 300$
批发业	从业人员(X)	人	$X \geq 200$	$20 \leq X < 200$	$5 \leq X < 20$	$X < 5$
	营业收入(Y)	万元	$Y \geq 40\,000$	$5\,000 \leq Y < 40\,000$	$1\,000 \leq Y < 5\,000$	$Y < 1\,000$
零售业	从业人员(X)	人	$X \geq 300$	$50 \leq X < 300$	$10 \leq X < 50$	$X < 10$
	营业收入(Y)	万元	$Y \geq 20\,000$	$500 \leq Y < 20\,000$	$100 \leq Y < 500$	$Y < 100$
交通运输业	从业人员(X)	人	$X \geq 1\,000$	$300 \leq X < 1\,000$	$20 \leq X < 300$	$X < 20$
	营业收入(Y)	万元	$Y \geq 30\,000$	$3\,000 \leq Y < 30\,000$	$200 \leq Y < 3\,000$	$Y < 200$
仓储业	从业人员(X)	人	$X \geq 200$	$100 \leq X < 200$	$20 \leq X < 100$	$X < 20$
	营业收入(Y)	万元	$Y \geq 30\,000$	$1\,000 \leq Y < 30\,000$	$100 \leq Y < 1\,000$	$Y < 100$
邮政业	从业人员(X)	人	$X \geq 1\,000$	$300 \leq X < 1\,000$	$20 \leq X < 300$	$X < 20$
	营业收入(Y)	万元	$Y \geq 30\,000$	$2\,000 \leq Y < 30\,000$	$100 \leq Y < 2\,000$	$Y < 100$
住宿业	从业人员(X)	人	$X \geq 300$	$100 \leq X < 300$	$10 \leq X < 100$	$X < 10$
	营业收入(Y)	万元	$Y \geq 10\,000$	$2\,000 \leq Y < 10\,000$	$100 \leq Y < 2\,000$	$Y < 100$
餐饮业	从业人员(X)	人	$X \geq 300$	$100 \leq X < 300$	$10 \leq X < 100$	$X < 10$
	营业收入(Y)	万元	$Y \geq 10\,000$	$2\,000 \leq Y < 10\,000$	$100 \leq Y < 2\,000$	$Y < 100$
信息传输业	从业人员(X)	人	$X \geq 2\,000$	$100 \leq X < 2\,000$	$10 \leq X < 100$	$X < 10$
	营业收入(Y)	万元	$Y \geq 100\,000$	$1\,000 \leq Y < 100\,000$	$100 \leq Y < 1\,000$	$Y < 100$
软件和信息技术服务业	从业人员(X)	人	$X \geq 300$	$100 \leq X < 300$	$10 \leq X < 100$	$X < 10$
	营业收入(Y)	万元	$Y \geq 10\,000$	$1\,000 \leq Y < 10\,000$	$50 \leq Y < 1\,000$	$Y < 50$
房地产开发经营	营业收入(Y)	万元	$Y \geq 200\,000$	$1\,000 \leq Y < 200\,000$	$100 \leq Y < 1\,000$	$Y < 100$
	资产总额(Z)	万元	$Z \geq 10\,000$	$5\,000 \leq Z < 10\,000$	$2\,000 \leq Z < 5\,000$	$Z < 2\,000$
物业管理	从业人员(X)	人	$X \geq 1\,000$	$300 \leq X < 1\,000$	$100 \leq X < 300$	$X < 100$
	营业收入(Y)	万元	$Y \geq 5\,000$	$1\,000 \leq Y < 5\,000$	$500 \leq Y < 1\,000$	$Y < 500$
租赁和商务服务业	从业人员(X)	人	$X \geq 300$	$100 \leq X < 300$	$10 \leq X < 100$	$X < 10$
	资产总额(Z)	万元	$Z \geq 120\,000$	$8\,000 \leq Z < 120\,000$	$100 \leq Z < 8\,000$	$Z < 100$
其他未列明行业	从业人员(X)	人	$X \geq 300$	$100 \leq X < 300$	$10 \leq X < 100$	$X < 10$

图 2.1 企业划型标准

2.2 企业创新效率的相关研究

2.2.1 企业效率的相关理论

一切企业的经营管理活动无不是以"效率"为前提的。1897年，意大利经济学家帕累托（Pareto）在其著作《政治经济学讲义》和《政治经济学教程》中提出了一个关于资源配置的最优状态标准，即"帕累托最优"，其实与经济学中的"最有效率"具有同等的意义，也是学术界对于企业效率最早的定义之一。1948年，新古典经济学的代表人、创始人萨缪尔森在《经济学》中指出，效率意味着对于生产资源进行有效的利用，而不存在闲置的资源。也就是说，一个有效率的企业能够合理地控制其生产过程，以达到投入与产出的最优数量关系，从而使其资源获得最大的效用。大部分与企业管理相关的活动主要目的都是通过优化资源配置，对有限的资源进行充分而有效的利用，以实现用最小的成本创造最大的收益。

对于企业效率的定量测算可以追溯到20世纪50年代，Debreu（1951）、Farrel（1957）和Koopmans（1951）等人最先在计算企业效率时将其视为企业最优投入与实际投入之比，或实际产出与最优产出之比（Debreu，1951；Farrell，1957；Koopmans，1951）。这种测算方式强调了企业投入与产出比例之间的关系，也是经济学中对企业效率进行估计的最早尝试。目前对企业创新效率边界的计算有三种较为常用的方式。第一种为算术比例法，只用于估算单个投入和产出指标的效率。第二种为参数法，通常用于计算企业生产过程中所存在的多个投入指标、单一产出指标的相对效率。第三种为非参数方法，可以用来估算多个投入指标和多个产出指标的相对效率（Herrera et al.，2005）。

目前学术界对于企业创新效率的研究主要集中在区域创新效率的研究和产业创新效率的研究两方面。区域创新效率是某区域内整体创新投入与产出的比例，在研究中通常先测算出某些地区的创新效率，再对这些区域的创新能力进行评价和排序。Michael Porter 在1990年提出"钻石模型"（the diamond framework）之后，明确了彼此相连的企业、供应商、客户、特定地区的组织机构组成的集群对于评估地区的竞争优势的重要影响作用（Porter，1990）。Porter等人（2001）的研究指出，集群可以为企业创新提供可能所需的资源和机会，从而实现创新效率的提升。在区域创新投入测算方面，Roessner等人（1996）在他的研究中选取了与创新投入相关的7个指标，对28个不同国家的区域创新能力进行了比较，并讨论了这些结果对技术发展理论和发展政策的影响（Roessner et al.，

1996)。在区域创新产出方面,Porter 等人(2001)在研究中指出,专利数据、企业在国际市场上的高新技术产品出口等都可以作为产出的衡量指标(Porter et al.,2001)。近年来,我国也有很多学者对区域技术创新效率展开研究,通过对不同区域创新效率水平差异的分析,了解我国区域经济发展的不平衡现象,并为缓解这种现象提供政策建议(颜莉,2012;李婧 等,2014)。

许多学者的研究也将创新效率的计算拓展到了对产业创新效率的分析中(Abernathy et al.,1978;洪嵩,2015)。根据 Nathan 等人(1982)提出的方法,可以使用"投入—产出"算法来分析高新技术和产业生产效率之间的关系。Cruz-Cázares 等人(2013)的研究使用西班牙制造业公司 1992—2005 年期间的样本进行两阶段实证分析。他们对技术创新过程相关的投入和产出进行测量,发现创新效率是衡量制造行业创新成果的最重要指标。国内也有很多学者对产业创新效率展开研究,他们以企业研发活动中的人力、物力作为投入指标,以专利和新产品销售额等作为产出指标,对某些行业进行整体性分析。如王博(2014)以 28 个高技术行业 15 年的数据为计算对象,对现阶段我国高技术产业创新效率现状进行评价,并给出相关的政策建议。

2.2.2 企业创新效率的测量及最新研究进展

与以往研究中对企业资源利用效率的考察类似,技术创新效率(TIE)的计算本身也是一个对投入产出进行衡量的过程,反映了技术创新资源的配置效率。根据对企业效率的定义,可以使用相应的投入产出指标来测量其效率值(Hollanders et al.,2015)。技术创新效率是指企业内部技术创新资源的投入与产出之比,即用于创新活动的研发投入等对于专利或其他研发成果的贡献程度。通过比较创新投入、产出与技术创新效率最优值的差距,可以得出其创新效率的高低。

与创新效率较为近似且容易混淆的一个概念是创新绩效,有不少学者在研究中将两者视为同一个概念,或是无差别地替换使用。本书认为,创新效率与创新绩效虽然紧密相连,但仍然存在本质区别,在这里有必要对二者进行区分。创新效率与创新绩效的不同主要体现在以下三个方面。

第一,两者的关注焦点不同。创新效率关注的是一种投入与产出的关系,也就是企业内部的技术创新资源的配置效率(Chen et al.,2012)。它会衡量某种创新需要的成本及其所能够带来的利润,即在投入既定的情况下,如何合理地配置资源、安排生产过程,追求产出成果的最大化。而创新绩效的本质是一种产出的导向,关注的是哪些要素会对创新成果造成影响,主要的研究问题包括研发投入或支出、人员数量等要素投入以及技术获取途径、知识来源等外部技术系统对创新产出的影响(Hong et al.,2017)。

第二，两者的测算形式不同。对于企业创新效率的计算通常采用非参数方法，来估算多投入和多产出的相对效率，常用的有数据包络方法、随机前沿分析法等。对于企业创新绩效的衡量通常采用计量分析方法，研究单要素或多变量对某一创新产出成果（如专利、新产品等）的作用。当然，创新绩效也是要素系统综合效应的体现，企业需要组合各种创新要素，经历复杂的价值创造过程，才能实现创新绩效的提升。

第三，两者的研究角度不同。创新效率是从经济学的角度研究对创新过程进行投资所创造的回报，将创新投入视为一种投资对象（Guan et al.，2012）。而创新绩效是从管理学的角度，研究每一项生产要素（如资金、技术、人力资本、制度与政策等）的价值，将其视为企业创新能力产生的源头，研究投入哪种要素有利于提升企业创新绩效的企业创新管理问题（Hurley et al.，1998）。

在明确了企业创新效率的定义之后，本书进一步综述企业创新效率通常使用哪些方法进行测算。Farrell（1957）最早使用统计的方法，将企业投入和产出相关的所有指标综合起来，对行业的整体效率进行评估，取代了用平均劳动生产率代替企业效率的算法。近年来，学者多使用 DEA 这种非参数规划方法来衡量技术创新活动中多个投入和产出的多指标系统效率。著名运筹学家 Chames、Cooper 和 Rhodes 于 1978 年最先提出了这种方法（即 CCR 模型）。他们认为，如果将每一个相同类型单位（记为决策单元）的内部运作过程视为一个黑箱，可以使用 DEA 模型对其效率进行相对有效性评价，从而更好地规划或控制这些活动的过程。DEA 模型随后在学术界受到了广泛关注，学者们在原模型基础上进行了许多改进，建立了 BCC 模型和两阶段 DEA 模型等（Banker et al.，1984）。

近年来，有许多学者运用 DEA 模型对企业效率进行估算和相关研究，并将其拓展到创新相关的多个阶段，逐步改进和完善了运算模型。江剑等人（2008）用 DEA 方法来测度我国中低技术产业创新活动的相对效率，并探究对创新效率产生作用的根本因素。在研究中将创新过程分为两个阶段，第一阶段测算企业通过创新投入获得专利等研发成果的效率，第二阶段测算企业用研发成果换取新产品收益的效率，最后将两个阶段相结合，测算从创新投入转化为新产品收益的综合效率（江剑 等，2008）。官建成等人（2009）提出了"科学—技术—经济"的创新过程三阶段理论模型，对中国和其余 OECD 国家的整体效率值开展了比较研究，发现中国的技术创新效率已经高于其他国家的平均值，而中国的技术成果商业化效率以及综合效率都比其他国家的平均值要低（官建成 等，2009）。

后来学者又从不同角度出发对企业效率的计算模型进行了细化。其中，Guan 等人（2010b）的研究构建了网络 DEA 模型，在衡量效率的过程中考虑到了创新产出的反馈作用。研究成果揭示了中国高新技术行业创新效率低下的问题，并给出了合理的政策建议。Guan 等人（2012）进一步使用 DEA 模型，从知识生产与知识商业化的角度衡量国家创新系统的效率,并强调了创新成果商业化对于提升OECD国家创新效率的重要作用。

2.2.3 组织规模对企业效率的影响

从国内外现有文献的研究来看,学术界对于企业规模和创新效率之间的研究较为成熟,已有研究重点关注在控制其他变量的情况下,企业规模与技术创新的关系,然而大部分研究结论并没有形成统一的观点。本节将分别对不同的研究结论进行综述。

熊彼特于1942年的开创性研究中提出了大型企业和市场垄断结构能够促进企业的技术创新。"熊彼特假设"提出,从企业成本的角度来看,由于创新活动的固定成本和未知风险都较大,大型企业可以将创新的成本分摊到规模化大生产的产品之中,以分散风险;从企业利润的角度来看,占有市场垄断地位的大型企业最有动力开展创新,因为这些企业可以充分享受市场集中带来的垄断利润(Schumpeter,1942)。然而,实证检验中得出了许多与"熊彼特假设"不同或相反的结论,此后企业规模与技术创新的关系就成为学术界争论的焦点。至今企业规模对企业创新效率造成的影响一直是困扰学术界、业界和政府部门的问题之一。从现有文献的研究结论来看大致可以分为以下几类观点。

(1) 正相关关系:Legge(2000)的研究发现,大型企业更擅长开展工艺创新与流程创新,从而提升其创新过程的效率。Kessler(2000)的研究表明,大型企业具有较为丰富的研发资源,可以在创新过程中尝试多样化的组合,因而可以实现较高的创新效率,并研发出具有高附加值的创新产品。白贵玉等人(2015)对高科技民营上市公司基于规模变化的动态竞争行为选择倾向进行了实证分析,得出企业规模与研发竞争行为之间存在显著正向相关性,而企业动态竞争行为对企业绩效存在正向影响。

(2) 负相关关系:Scherer(1965)的研究表明,随着企业规模的扩大,企业更有可能会受到内部官僚体制的约束,不同部门之间的沟通合作难度也更大,因而可能会分散研发团队在技术创新活动中的精力,从而对大型企业创新效率产生负面的影响。Stock等人(2002)通过对1974—1993年期间计算机行业中的企业进行分析,探讨了企业规模与其动态创新能力的关系。与其他从某一个时间点来衡量创新绩效的研究不同,Stock的研究考虑了企业随着时间推移,受到技术变革影响的动态创新过程。研究发现,在计算机行业中,规模较小的企业表现出更高的动态创新能力。

(3) 非线性关系:一些学者认为企业规模与创新呈现倒U形的关系,即随着企业规模的增大,企业的创新强度先增大后减小(Kamien et al.,1975;Aghion et

al.，2005)。高良谋等人(2009)的研究发现,由于大型企业的组织惯性较大,而小型企业的组织灵活性较大,不同的组织特征与外部竞争或垄断的市场力量产生互动,会导致企业规模与创新效率之间呈现倒 U 形关系。Kuen-Hung 等人(2005)对台湾的 126 家制造业企业的研究表明,无论是在高新技术产业还是传统行业中,企业规模与研发效率之间都存在 U 形关系。因为大型企业可以将创新成本分摊到规模化生产的新产品中,而小型企业对于市场的反应更灵活,所以与中型企业相比,大型企业与小型企业的创新效率更高。

2.2.4 企业规模对企业效率的影响作用机制

企业规模作为企业本身重要的特征之一,对于企业创新过程及效率能够产生深远的影响。从以往研究中可以发现,企业知识生产以及知识商业化这两个过程受到企业规模影响的机制原理不同,作用方向也不同,因而会导致规模对企业综合效率的影响在不同的研究中呈现不同的特点(Cáceres et al.，2011)。尽管目前已有很多关于企业规模对企业效率影响的探究,然而学术界对于企业规模作用的机制尚未得到明晰、统一的认识(Cabral et al.，2003;Ford,2009),这也是本书对此进行研究的出发点与重要意义。

由于企业规模会显著地影响企业的组织结构特征、组织惯性大小,以及创新过程中各部门之间的沟通效率等,从现有的实证研究来看,在分析企业规模对企业效率的作用时,较多地运用了组织惯性来解释企业规模发挥作用的原因。另外,不同规模的企业对于外部资源需求的种类和强度不同,获取外部资源的能力大小也不尽相同(Forsman,2011)。不同规模的企业在行业中的地位不同,所掌握的市场资源、影响力和话语权、品牌认知度及销售渠道的范围都不同。因而企业的规模会直接关系到企业能够掌控和利用的资源,也就是企业在创新过程中的自主选择权。已有研究较多结合资源基础观来阐释其对于企业的重要性,由于不同企业所掌握的资源与利用资源的方式完全不同,因此不同规模的企业倾向于选择不同方式(如技术并购等)与外部进行资源交互,这一理论也对本书的分析有重要的借鉴意义。

(1) 组织惯性理论

惯性(inertia)的概念最早是由物理学家提出的,通常是指当物体没有受到外界施加的外力时,会保持匀速直线运动或者长期处于静止状态。早在 20 世纪 60 年代,组织内部适应学派就开始观察到组织中存在着特定的思维逻辑和处理问题的方式,会导致一系列追求稳定、保持现状和抵制变革的现象,而组织结构也存在着与组织行为保持一致的倾向,即组织惯性(Cyert et al.，1963)。1984 年,种群生态学者又拓展了组织惯性的研究,强调了组织与环境之间频繁的互动,以及环境因素对于组织生存的决定性意义。其研究指出,企业在管理过程中容易受到组织惯性的支配和制约,使得企业在面对环境变化时,很难迅速反应以应对威胁,完成激进式的变革创新(Hannan et al.,1984)。因而,一方面组织惯性蕴含着企业过往成功的模式和经验,能够帮助企业提升运营管理的效率;另一方面,组织惯性也会在一定程度上阻碍组织的变革和创新。

已有学者从组织质量(organizational mass)的角度,探究了决定组织惯性强度的因素(张江峰,2010)。研究表明,组织年龄、组织规模和组织复杂性都会对组织质量产生一定的影响,进而作用于组织惯性。从组织规模的角度来看,随着规模的增长,组织惯性有逐渐增大的趋势。首先,组织的规模越大,其内部部门之间的沟通流程越复杂,层级制和官僚化的弊端会逐渐显现,组织对外部市场环境变化的敏锐度逐渐下降(Hannan et al.,1984)。同时为了方便对大型组织的管理,企业会正式出台一系列规范的流程、手续和制度,在提高管理效率的同时,也对组织成员的自主创新性产生一定程度的制约。因此,不同规模的企业当中存在的组织惯性对其创新能力的影响是一个至关重要的话题。在创新活动中,小型企业可以利用其组织结构的灵活性,主导技术和产品的创新过程,开创崭新的技术范式;而大型企业可以利用其雄厚的经济实力,对小型企业的创新过程进行资助与支持,对小型企业的创新成果进行技术并购,以提升大型企业自身的知识生产效率,规避组织惯性为其带来的束缚和障碍(Tripsas et al.,2000)。

通过对组织惯性理论研究的综述,可以看到这一研究领域强调了组织惯性带来的束缚对于以创新为导向的企业最终取得的创新绩效的重大影响。由于组织的运作流程存在一定的惯性,企业普遍会按照固有的模式开展创新活动,这会为组织变革带来很大的难度。已有研究指出,大部分组织都在稳定性和灵活性之间面临着矛盾选择。当企业平稳发展、逐步实现规模扩张时,需要通过模式化的运营流程来提升企业效率,不断开展渐进式创新;然而,当外部环境中出现重大的技术变革或市场动荡时,企业需要克服组织惯性带来的障碍,通过组织变革来适应环境(Tushman et al.,1985)。因而,组织惯性被视为一把"双刃剑",既能够帮助企业完成短期的效率目标,又可能会不利于企业开展长期的技术创新活动。

(2) 资源基础理论与知识基础观

资源基础理论(resource-based view,RBV),即资源基础观,是现代管理理论中至关重要的一个组成部分。Wernerfelt(1984)最早系统性地提出基于资源的分析视角,随后 Barney(1986,1991)在他的基础上改进了资源基础观分析框架(resource-based framework),标志着资源基础理论的正式产生。Barney(1991)对企业可能具有的战略资源特征进行了系统总结,提出了 VRIN 原则,即能够为企业带来可持续的竞争优势的资源应当具有四类特征:有价值(valuable)、稀缺性(rare)、难以模仿性(inimitable)、无可替代性(non-substitutable)。

资源基础理论是管理学者在探究企业竞争优势产生过程中所建立的理论体系,对后续的研究范式产生了深远的影响。它对于企业内部独有的要素组合(包括物质资产、人力资源、社会关系等)和企业自身能力给予了充分的重视,克服了之前研究范式过于关注企业外部的缺点。该理论打破了新古典经济学对于同一行业中"企业同质性"的假设,由此发现了企业在资源储备和资源配置两方面的异质性(Conner,1991)。通过对企业内部资源及其组合模式、运作流程进行分析,资源基础理论解释了企业之间异质性的由来,并探讨了其对于企业持久竞争优势和创新绩效的影响。这些独特的资源能够为企业带来经济租金,与其他不具有这种资源的企业相比,拥有异质资源的企业一般能够获得更高的创新绩效或经济收益(Peteraf,1993;Teece,1997)。

在资源基础观的研究过程中,许多学者对其进行了进一步的拓展,引申出了知识基础观(Grant,1996;Nahapiet et al.,1998)。在知识基础观的视角下,将企业所拥有的知识看作是其最独特的资源,强调了知识储备在企业创新过程中的重要意义。同时,知识基础观的相关理论研究还指出,与企业已经掌握的知识相比,企业动态的知识整合能力才是维持其竞争优势的核心因素。因而,对于企业的管理者来说,如何通过对企业组织结构的设计和创新流程的优化,保障知识在企业内部研发人员之间的顺畅流通,从而实现知识的整合与再创造,是企业管理者需要面对的问题;同时,如何充分利用外部环境,与其他组织、个体进行知识共享与资源交互,从而在更大的范围内实现知识整合能力与企业创新效率的提升,也是一个很大的挑战。

2.3 企业规模与效率之间关系的影响因素

2.3.1 企业技术并购

在当今技术加速变革的时代背景下,企业仅仅依靠内部资源开展创新,很难适应激烈的市场竞争并维持其竞争优势。因而,如何通过技术并购从企业外部甚至是行业外部获取富有价值的知识和技术并加以整合,从而激发企业的创新潜能,丰富企业的创新成果,已经成为众多学者和企业管理者共同关注的话题(Yang et al.,2014;Phene et al.,2012)。技术并购是指企业通过对其他具有技术优势的企业开展并购,学习先进知识和技术,改进自身创新流程。企业技术并购的主要目标是提升自身能力(capability upgrading),技术并购的主要对象为具有突破性创新成果的小企业,但是也不局限于大型企业对小型企业的并购,只要是以提升技术能力为导向的并购行为,都属于技术并购的范畴,而并购主体并不需要具有特定的方向性。

从企业技术并购的类型来看,可以根据企业开展并购的动机将其划分为技术进入型并购、技术升级型并购和技术互补型并购(胥朝阳 等,2009)。技术进入型并购是指企业通过并购进入原先并不熟悉、但具有良好发展前景的领域,即以资金交换先进技术和市场资源,从而突破该领域的进入壁垒,在新的领域中立足。技术升级型并购是指企业通过并购,掌握同行企业的核心技术,实现自身产品的升级换代。技术互补型并购是指对与自身拥有互补性技术的企业展开并购,从而实现"强强联手",在市场中获得竞争优势。张弛等人(2017)在对并购类型进行讨论时,将企业技术并购分为获得替代性资源的横向技术并购、为了获取互补性资源的纵向技术并购和为了获取异质性资源的混合技术并购这三种类型,并且通过实证检验发现,不同类型的并购方式会对企业创新绩效产生截然不同的影响。

已有学者从不同方面分析了企业技术并购绩效的影响因素。从企业自身的资源和能力视角来看,孙忠娟等人(2011)指出,企业的核心能力,如企业是否具有丰富的知识储备、高端的技术人才等,都会影响其对于被并购企业的知识的消化吸收能力;此外,企业的知识整合能力,如通过与被并购企业频繁的沟通以提升知识学习效果,或通过合理的资源配置更充分地利用被并购企业资源等能力,也会对技术并购的绩效产生很大的影响。从企业与被并购企业的关系视角来看,Ensign 等人(2014)衡量了地理距离、认知距离和组织距离这三个层面对于企业技术并购的绩效影响。研究指出,地理距离的远近会影响企业与被并购企业之间的沟通频率,从而对知识转移质量产生影响。而认知距离的大小取决于企业与被并购企业是否具有相似的知识储备,如果知识储备过于接近,则可能导致其很难从被并购企业中获取新颖的技术;如果知识背景差距较大,则会影响企业对其并购的新技术的消化、吸收。组织距离的概念包括企业之间在组织结构、文化背景上的近似性,如果企业之间组织距离过大,那么会导致其与被并购企业之间沟通不畅、目标不一致、难以建立信任关系等;而组织结构上的差异过大也会增加企业在整合过程中的难度。

企业规模对于企业创新效率的作用过程也会受到企业技术并购的影响,因为技术并购会影响到企业所获取资源的种类和多寡,进而影响到其创新进程。以往的研究通常认为,只要通过对外部资源的充分利用来扩展自身的企业边界,就能弥补自身在资源和能力方面的不足,从而提升其创新效率。然而企业在从外部环境中获取资源时,其自身规模的限制也会反过来影响其对外部知识的吸收和利用(Laforet,2013)。研究表明,企业规模不同会对其所处的发展阶段及其在行业中的地位、已有研发经验和组织学习能力、在并购过程中的沟通成本与谈判效率、对于技术并购的新产品进行推广的能力都产生不同的影响(Brunswicker et al.,

2015)。因而,探讨企业技术并购行为对企业规模与效率之间关系的影响作用,可以弥补已有的文献研究在这方面的不足,指导企业结合自身规模与资源特征,做出与技术并购相关的战略决策,从而取得更高的创新效率。

2.3.2 企业联盟理论

Williamson(1975)最早指出,联盟是一种超出了市场化交易关系,又没有达到一体化组织的形式,是一种混合的治理结构。Teece 等人(1997)从管理学角度,认为联盟是两个及以上的联盟成员,汇集它们的资源,协调它们的行动,从而实现同一个目标。Teece 指出,联盟的建立使得企业的边界变得模糊,合作伙伴之间可以通过共同参与研发过程、共同分享市场资源等形式,促进技术创新的实现和创新成果的推广。Gulati(1998)从社会学的视角,探讨了联盟内部构成的企业间社会网络的特点,分析了这种社会网络形成与演化的进程,以及企业如何根据自身在联盟中位置的不同,选择不同的战略目标并开展相应的行动。

企业联盟理论的基本假设是,没有企业能够完全依靠内部资源实现长久的发展,企业需要与外界环境进行异质性资源、信息和知识的交互,从而弥补自身能力的不足,适应日新月异的市场需求,或通过合作创新引领技术变革,以维持企业的竞争优势与活力。因此,联盟的意义主要在于帮助企业更好地通过战略选择,获取自身发展迫切所需的资源,从而更好地适应环境,或者改变自身在环境中所处的地位(Wassmer et al., 2017)。而联盟为企业与外部环境之间建立了沟通的桥梁,能够确保信息和资源在联盟内部高效地流通,同时还有助于减少企业之间的交易成本,从而有利于创新效率的提升。

联盟的参与者主要为企业、高校、科研机构或公共服务部门等,其加入联盟的战略目标主要为充分利用联盟伙伴的核心技术、市场能力等无形资源。对于参与联盟的企业类型,学术界有一种观点认为联盟之中的企业实力相当,平时是竞争对手,即联盟的本质实际上是一种"强强联手",这种定义将大量从事互补性活动的企业之间的合作及实力不等的企业之间的合作排除在外。Yoshino 等人在1995 年对企业联盟给出了比较详细的定义。他们认为,联盟是两个或多个企业联合致力于一系列目标,合作企业需要在结成联盟后保持各自的独立性,但又在相关技术领域共同占有控制权,在合作创新活动中共同分享新产品的销售收入。

Kale 等人(2007)对于企业联盟之间共享知识的动因进行了研究,认为企业主要是为了向合作伙伴学习专业知识和技能而加入联盟。然而,为了避免合作伙伴的机会主义行为,大多数企业倾向于保护自身的核心技术不外泄。研究指出了关系资本对于企业联盟的重要作用,并且通过实证研究发现,联盟合作伙伴基于个体层面上的相互信任和频繁交流,为企业实现互惠互利的彼此学习打下了良好的基础。Das 等人(2001)进一步探讨了对于不同类型的战略联盟应分别使用怎样的方式建立合作信任、监督合作过程,以降低参与战略联盟的风险。Meier(2011)提出了战略联盟中知识管理的理论框架,分别从知识特征、合作伙伴特征、合作交互关系、知识管理这四个方面,探讨了影响企业联盟中知识创造、知识转移和知识应用的因素。

虽然企业创新管理领域的大量文献已经对企业效率的含义、作用以及组织规模对企业效率的影响等问题进行了清晰的剖析,但是关于企业联盟对于企业规模与效率之间关系的影响等专门研究刚刚开始发展,还没有形成完整的体系。现有关于企业联盟的研究也更多集中在企业联盟之间共享知识的动因,以及应采取怎样的方式建立合作信任、控制合作过程,以降低参与战略联盟的风险上,对于联盟本身的特征还缺乏细化的探究。尤其是对于企业所加入不同级别的联盟(如国家级联盟和区域级联盟),以及由不同主体构成的联盟(如产学研联盟和非产学研联盟)等,如何为企业提供不同深度和广度的资源以供学习和模仿,进而提升其创新效率,仍缺少足够的分析。

(1) 企业加入联盟的级别对企业效率的影响

从联盟的层面来看,企业通过联盟等形式开展合作创新,是其合理利用外部资源实现自身战略目标的一种最有效的方式。与同一园区的企业进行知识共享或短期合作相比,联盟成员之间有着更长久稳定的关系。企业所加入的联盟级别会影响其与联盟中其他企业或科研机构交换信息、共享资源和产品市场的程度,进而对其创新过程产生深远的影响,因而值得分析和讨论(Lavie, 2006)。根据联盟成员所处地理空间位置分布的不同,可以将联盟分为两个级别:国家级联盟和区域级联盟,分别探讨其对于企业创新的影响。

国家级联盟的成员来自不同的城市,具有不同的知识背景和资源优势。已有学者的研究表明,企业的发展依赖于外部环境提供的资源,同时也受到其所处区域内资源条件的约束(Hagedoorn et al., 2017)。而国家级联盟这种跨区域联盟的建立,有利于帮助企业突破地域的限制,促进知识和资源在不同区域之间的流动和扩散,实现技术资源和市场资源的优化配置(Tsai et al., 2015)。而且,我国不同区域的经济发展水平、技术创新能力存在显著的差异,国家级联盟的建立有利于推动城市间的均衡发展(司尚奇 等,2010)。此外,还有学者的研究表明,国家级联盟成员之间的知识同质性较低,同时由于地域的阻隔导致彼此之间创新路径与创新模式的差异较大,通过与联盟伙伴的知识交流和思维碰撞,能够激发出富有价值的创新因子,有利于联盟创新绩效的提升(Fang, 2011)。

区域级联盟将一群在地理位置上相互靠近、行业上彼此类似或互补的企业紧密联系在一起,开展更为深入的合作。已有研究表明,同一区域中的企业之间更有可能共享生产渠道和市场资源,因而可以建立长期稳定的互惠互利关系

(Martin et al.，2018)。此外，企业的创新过程在很大程度上受到其所处的地域空间和制度环境的影响。同一区域的企业处于相同的社会制度环境之中，具有较为强烈的文化认同感，因而在合作中的沟通成本较低，比较容易建立相互信任的关系(Jiang et al.，2016)。最后，从已有文献中可以发现，对于不同规模的企业来说，其所能够承担的知识转移成本不同，对于知识多样化的需求也不同，因而企业规模也会反过来影响区域联盟对企业效率起到的贡献程度(Josefy et al.，2015)。

(2) 企业加入的产学研联盟对企业效率的影响

与国家级联盟和区域级联盟的作用相类似，产学研联盟也可以促进联盟成员进行频繁而深入的信息、资源交换，从而有利于新知识的产出和创新效率的提升(Bstieler et al.，2015；Arvanitis et al.，2008)。从联盟主体来看，产学研联盟的成员主要由高校、科研机构和企业共同构成，其中高校作为联盟中技术知识的主要来源，在联盟中扮演着重要角色。从联盟成立的目标来看，与一般联盟以生产活动中的分工协作、市场资源的相互利用不同，产学研联盟更专注于科研成果的学习、吸收与转化。从联盟绩效的衡量来看，针对不同成员类型具有不同的判断标准，对于科研机构来说，主要以科技成果转化的市场效益为衡量指标；对于企业来说，则主要以新知识的学习和技术创新效率的提升为衡量指标。

对于企业加入产学研联盟的动因，已有研究主要从不同联盟主体的视角来讨论，并总结出了资源导向、学习导向、风险导向和政策导向等不同维度来衡量其动机的大小(Perkmann et al.，2011)。对于高校和研究院所来说，大量的科研人员在日常的学术活动中积累了丰富的创新成果，然而由于没有良好的产学研成果转化渠道，这些突破性创新技术与市场脱节，难以取得较好的经济收益。在这样的运作机制下，学者们普遍面临科研经费短缺的问题，无法更好地支撑后续的研发工作，形成恶性循环。而对于企业来说，许多企业由于知识储备不够、高水平技术人员较少等问题，面临着自身创新能力不足的困境。而且在当今新技术迭代不穷的环境下，仅仅依靠内部研发的力量，难以应对多变的市场需求和日益激烈的市场竞争。在产学研联盟中，企业可以帮助高校和科研机构完成创新成果的生产与商业化过程，实现经济效益的提升；而高校和科研机构也可以充分利用其自身的高新技术，帮助企业提升知识生产效率(Hagedoorn et al.，2017)。因此，通过优势互补实现双方效率的提升和利益的最大化，就是产学研联盟成员加入联盟的主要动因。

产学研联盟的成员主体构成较为复杂，对于不同规模的联盟成员来说，其加入联盟的需求不同，其自身的知识储备和学习吸收能力也不同，因而企业规模也会反过来影响不同类型联盟对企业效率起到的作用大小。许多学者对产学研联盟中知识转移的机制进行了探讨，如知识受体的吸收意愿和主动性，知识源与知识受体之间的文化距离、知识距离，以及知识本身的复杂性和知识转移的数量多少等,都会影响到产学研联盟对于企业创新的作用和效果(王毅 等,2001)。在联盟成员各自的特点之外,联盟成员之间的互动关系也会对产学研联盟的知识转移过程起到很大的影响。比如,已有学者研究表明,产学研联盟成员之间的信任程度会显著影响其知识共享的动机、知识吸收的效率和知识转移的效果(Maurer,2010)。

2.3.3 产业集群理论

为了更好地理解产业集群的含义与作用,需要回归到最早解释集群本质的理论。Adam Smith 于 1776 年在《国民财富的性质和原因的研究》中开创了分工协作这一理论,他认为劳动分工增进了劳动熟练程度,提升了劳动过程的效率。而企业之间的专业化分工与协同生产正是产业集群涌现的基础。Alfred Marshall 于 1890 年在其出版的著作《经济学原理》中,对企业的内部经济与外部规模经济的概念进行了区分,他认为前者是企业内部高效地组织生产流程,而后者则是通过企业间分工协作而实现总成本的削减。通过对英国工业集群的观察,他发现企业在某一地理空间内的高度聚集能够导致辅助行业的发展、高度专门化新机械的大量发明、具有专门技能的劳动力市场和大规模生产方式的出现。Marshall 指出,企业的集聚同样有助于企业间信任关系的建立,能够促进良好产业氛围的形成。Karl Marx 继承并发扬了这种经济学的观点,认为资本主义的发展环境促使人们产生了对高效率和低成本的追求,而这是产业集群效应形成的内在驱动力。德国经济学家 Alfred Webber 于 1909 年在其著作《工业区位论》中指出,企业间的空间聚集能为企业带来经常性开支成本的节约,有利于道路、煤气、自来水等基础设施的建设和共享。以上学者的早期研究从理论上阐述了产业集群出现的原因,并初步分析了其对于提升劳动生产效率的作用。

美国哈佛商学院的竞争战略和国际竞争领域研究权威学者 Porter 于 1990 年在《国家竞争优势》中,最早从一个全新的视角——全球竞争力的角度,对于产业集群(industrial cluster)的概念进行了阐述和定义。他认为产业集群是一群在地理位置上相互临近、在业务上彼此关联扶持的企业、供应商、辅助行业等,它们共享由于区域集聚形成的规模效应、外部效应等优势。这种产业集群可以促进隐性知识与技能的交流,加速新产品商业化进程,降低物流成本等,从而有利于技术创新的扩散,以及行业的区域竞争力的提升。Porter 在 1998 年进一步完善了产业集群的理论,认为集群还包括其他机构,如大学、研发机构以及智库、行业标准制定机构、职业培训机构、贸易协会等,这些机构处于同一个特定的产业领域,共同为集群内的企业提供支持服务。Porter 指出,在产业集群当中,竞争与合作的关系可以并存。同质企业之间通过激烈的竞争来赢得客户资源,企业与上、下游机构之间也可以通过合作来强化各自的优势。随后,Dahl等人(2004)从微观层面探究了非正式社会网络在产业集群发展过程中的作用。通过对丹麦企业集群的问卷调查分析,发现不同企业员工之间的非正式联系非常紧密,这促进了产业集群内部知识的流通。即使一些与特定新产品相关的内部信息,也会通过不同企业员工的非正式联系而传播。Feldman等人(2005)通过案例研究,揭示了企业家对于产业集群形成和发展的关键性作用,建立了企业家决策、政府对创业的鼓励政策与高新技术园区环境(如扶持机构和资源等)的交互影响理论框架。

近年来,国内许多学者也对产业集群相关概念进行了理论完善与实证研究。傅首清等人(2010)对中关村地区高新技术产业集群进行了考察,他们从区域创新网络与科技产业生态环境的互动视角,分析和总结了企业创新能力提升的机制,并建议科技园区进一步深化产学研合作,完善金融服务创新体系,提升整体国际化水平。万幼清等人(2014)认为产业集群中企业间开展合作的动因是资源的稀缺性,以及规避创新风险的共同需求。根据企业性质的差异,他们将集群内企业的竞合关系分为同质、异质企业两种类型;根据企业规模的差异,他们将竞合关系分为依附型(以大型企业为核心,其他企业进行辅助)和共生型(企业间实力差异较小)这两种类型。朱建民等人(2015)从社会资本的角度入手,探究其对于集群创新绩效提升的作用机制。他们将产业集群的生命周期划分为形成期、成长期、成熟期和衰退期,分析了横向、纵向和斜向社会资本对于不同集群的影响。

随着近年来企业创新研究的深化发展,越来越多的学者开始注意到产业集群对于促进隐性知识与技能的交流、加速新产品商业化进程的作用。集群打破了传统企业边界,使得企业能够有效利用外界资源进行组织学习与技术扩散,原有的关于企业规模分析的结论并不一定适用于这些科技园区或产业集群中的企业。因而,需要针对处于不同生命周期阶段以及具有不同行业聚集度的园区进行深入剖析,建立完整的理论体系,研究不同园区对于其内部企业效率的影响。此外,虽然已有文献对于产业集群、行业聚集度等概念进行了初步的定义和探讨,然而却少有研究能够立足于科技园区,以不同园区的成熟程度以及园区内部的行业分布特点为分析对象,对园区在促进企业创新过程中的作用进行细化探索。

(1) 园区成熟度的作用

从园区层面来看,企业所处的科技园区或产业集群,作为对企业创新过程产生最直接影响的外部环境,值得深入分析和讨论。园区特征会对企业创新效率产生很大的作用,而且园区对于不同规模企业的创新过程能够发挥作用的程度也不同(Baptista et al.,1998)。对于某一产业集群发展成熟度的衡量,可以通过观测其处于生命周期的哪一个阶段实现。园区生命周期作为园区成熟度的重要衡量指标之一,能够对园区特征产生较大的影响。

生命周期(life cycle)的概念来自生物学,可以理解为某种生命体"从摇篮到坟墓"(cradle-to-grave)的整个过程。近年来,这个概念在经济管理、社会学等领域都得到了广泛的应用。生命周期的理论内涵非常丰富,应用范围十分广泛,国内外研究中比较成熟的理论模型包括产品生命周期、技术生命周期、组织生命周期以及产业生命周期等。Raymond Vernon(1966)最早提出了有关产品生命周期划分的理论,认为产品会经历导入期、成长期、成熟期和衰退期这四个阶段。包彦明(2006)在关于高新技术园区生命周期的研究中,将园区的发展寿命也划分为准备阶段、发展阶段、成熟阶段和衰退阶段这四个阶段。

已有研究表明,由于不同成熟度的园区内部配套设施、中介服务机构的集聚规模和完善程度不同,园区内部管理体制和文化氛围不同,竞争压力和运营成本也不同,因而其为企业提供的生存发展的大环境也具有各自的特点。不同规模的企业具有不同的资源优势和劣势,因而在与园区中其他企业、科研或服务机构开展合作时,战略导向不同,合作方式各具特色,合作创新的成果也不尽相同。

(2) 园区的行业聚集度及其影响

已有研究表明,较为单一的产业集群难以对外部环境变化做出及时的反应,也很难适应新的技术范式,因而会逐渐失去活力与创新能力(Markusen,1996)。园区的行业聚集程度(即其内部企业的行业分布特征)会影响企业之间进行知识共享和资源交互的方式,进而对企业创新效率产生作用。园区行业聚集可以通过对劳动力和人才的吸引,对生产和运输成本的分摊等来发挥作用。不同规模的企业具有各自的战略需求,因而与同行业的企业在进行信息、资源交换和联合生产时会有完全不同的合作方式,不同的企业规模也会反过来影响园区行业聚集度对企业效率起到的贡献程度。由于每个行业对于生产要素的需求多寡不同、产品市场的容量大小也不同,因而每个行业都具有各自最优的聚集规模。企业如果选择对于自身来说行业聚集度最适中的园区,则能够最大限度地提升行业间合作创新的效率(Folta et al.,2006)。

在行业聚集度较低的园区,行业分布较为均匀,企业能够更好地向不同行业学习多样化的知识,积极开展跨行业的创新体系建设(Djolov,2013)。大型企业受到组织惯性的制约,创新的动力不足,对外部市场环境的变化也不够敏感,更需要从多样化的行业中获取不同种类的信息来源,以避免其内部的创新系统过于封闭。因而,此类园区更有利于大型企业实现人才、技术和知识等资源的优化配置,引进新技术、新工艺、新理念,从而提升自身的知识生产效率(Lai et al.,2014)。此外,与处于行业聚集度较低的小型企业相比,大型企业具有更高的生产能力,在新产品商业化的进程中,可以不断向多领域的市场输出产品、技术和服务,也可以进行跨行业的生产要素购买、对外投资等。园区内部行业的多样化有利于大型企业不断生产新的产品,拓展新的市场,提升其知识商业化的效率。

在行业聚集度较高的园区,企业从其他行业获取新信息的动机相对较低,同一行业间企业的关联性和彼此依赖性较强(Grabher,1993)。在行业高度集中的集群中,同一行业的企业在空间上高度聚集,并进行频繁的互动,共享大量关于生产、经营、技术等方面的经验和知识(Gallagher et al.,2015)。处于这类园区中的大型企业,在开展技术创新活动时,由于自身已经在行业中占据优势地位,更需要与其他行业或外部市场进行互动,而不仅仅是与行业内部其他企业进行信息共享和资源交流(曾德明 等,2009)。此外,对于行业聚集度较高的园区,企业习惯了基于信任的网络关系,而不想与其他行业的企业和机构进行相关交易活动。对于小型企业来说,这有可能保护其在本地市场的竞争力(Mellewigt et al.,2007)。对于大型企业来说,这种内向型知识战略使得它们无法充分利用外部的销售渠道,同时使它们对于外界的市场变化应对迟缓,从而不利于其知识商业化效率的提高。

2.4 本章小结

组织规模理论由 Schumpeter 等人(1942)正式提出,该理论认为大型企业的资源优势和垄断地位有利于其技术创新,即规模与创新具有线性正相关关系。然而,实证检验中得出了许多与"熊彼特假设"不同或相反的结论,此后企业规模与技术创新的关系就成为学术界争论的焦点。这一问题在目前的研究中仍然没有得出普遍适用的结论,也是本书对科技园区中企业规模及其效率进行综合分析,提出"技术并购—联盟—园区"研究模型的契机。

过去在该领域的研究普遍发现了不同规模的企业在生存与发展过程中呈现出不同的特点,然而却忽视了对于企业规模发挥作用的机制分析,以及针对不同的作用机制提出的应对策略,即企业应怎样利用自身规模的优势,规避自身规模的限制,以取得最高的企业效率。本章围绕企业规模与企业创新效率等重要概念,对组织惯性理论、资源基础理论、企业技术并购理论、企业联盟理论和产业集群理论等相关的文献进行了梳理和归纳。通过文献综述可以发现,现有研究领域存在一些空白和不足。因而,本书结论可以为科技园区中的企业规模、企业技术并购行为、企业所加入联盟的级别和类型、企业所处园区对于企业规模和效率之间关系的影响提供进一步的理论补充。

第3章 "技术并购—联盟—园区"研究模型

3.1 "技术并购—联盟—园区"研究模型

由于不同规模企业所拥有的资源优势、组织结构特点等会影响其知识生产效率,而不同规模的企业所占有的市场资源、市场地位和销售渠道等又影响着企业的知识商业化效率,所以企业规模是影响企业效率的重要前因变量。然而随着产品更迭周期的加快,企业仅仅依靠规模化大生产已难以满足多样化的市场需求,越来越多的外部资源在提升企业创新效率的过程中也发挥了不可忽视的作用(Brunswicker et al.,2015;Van et al.,2008;Cassiman et al.,2006)。企业通过进行技术并购、加入联盟以及科技园区,将会有效拓展其自身的边界,在更广阔的范围内实现资源的优化配置。因而,企业创新效率不仅会受到其自身规模的影响,也会受到其所开展的开放式创新活动的影响。

从资源基础观、企业技术并购、企业联盟及产业集群的相关文献综述可以看到,企业规模对创新过程的影响会受到外部因素的调节作用。企业自身的资源优势、组织结构特征与企业开展的技术并购行为、企业所加入联盟、企业所处园区之间的关系并不是独立存在的。为了更加全面地理解这些因素在企业创新过程中起到的作用,在研究中不应仅停留在对这些要素的单独分析上,而是需要将其视为一个有机的整体,综合地探索不同规模企业如何充分结合自身战略需求进行外部资源获取,以及资源获取的方式和渠道对其创新效率的影响(Howard et al.,2016;Lin et al.,2014)。

从企业层面来看,不同规模的企业通过技术并购,选择对其自身最有价值的特定知识进行消化、吸收和利用,从而提升其自身的创新能力;从联盟层面来看,企业通过联盟等形式开展合作创新,是其合理利用外部资源实现自身战略目标的一种最有效的方式,因而不同的联盟级别(国家级与区域级)以及不同的联盟类型(是否产学研联盟),也会通过各自的渠道与作用机制对不同规模企业的创新效率产生影响。从园区层面来看,企业所处的科技园区或产业集群是对企业创新过程产生最直接影响的外部环境,园区特征(包括园区成熟度、园区行业聚集度)会对不同规模的企业创新效率产生很大的作用(Sears et al.,2014;Park et al.,2014;Minguillo et al.,2015)。从企业知识学习的广度来看,这三个层面逐层递进,缺一不可。因而,本书认为,有三个层面的因素共同形成了不同规模企业与外部环境进行资源交互进而影响企业创新效率的完整逻辑链。

这一整体的理论框架是本书的重点,本书对不同规模企业的自身优劣势及其与外部资源互动的复杂关系进行了论述,并提出了贯穿三个层次的"技术并购—联盟—园区"研究模型,深化了对于组织惯性、资源基础观等理论为什么以及如何对企业创新过程及结果产生影响的理解和认识,丰富了企业创新领域的现有研究。

3.2 企业规模的作用

自从熊彼特等人(1942)提出著名的"熊彼特假设"以来,企业规模与创新之间的关系就一直受到学术界的广泛争论。他提出随着企业规模的增加,企业的创新能力也会增长,其假设主要包含以下两方面的内容:首先,从企业成本的角度来看,由于创新活动的固定成本和未知风险都较大,大型企业可以将创新的成本分摊到规模化大生产的产品之中,以分散风险;其次,从企业利润的角度来看,占有市场垄断地位的大型企业最有动力开展创新,因为这些企业可以充分享受市场集中带来的垄断利润。"熊彼特假设"肯定了大型企业在行业中起到的引领创新作用,认为大型企业的创新活动有利于整个社会福利的增进。

之后,有很多学者对熊彼特假设进行了一定的补充和讨论。从外部资源获取的角度,有学者认为大型企业拥有更好的社会认知度和信誉,因而具备更强的融资能力,可以从金融市场上获取新产品研发所需的资金支持;而小型企业的融资能力相对较差,无法为创新活动准备充足的资源。Kamien等人(1975)指出,与中型、小型企业相比,大型企业在创新过程中有更大的自主选择权,受到更少的约束和限制,也能将更多的资源投入到新产品研发当中。而跨国企业与本土企业相比,通常具有更大的规模和更广的市场范围,因而其创新能力的高低也常常被用来检验熊彼特假设的真伪(Hirschey,1982)。也有学者提出,跨国企业的创新能力更强,是由于其可以利用国际化的背景和跨国的组织架构,在全球范围内获取到更多资源并将其投入到创新过程中,还可以在国际市场中享受更多的新产品利润(McCann et al.,2011)。

近年来随着社会的发展和技术的进步,企业之间对于知识、信息和资源的共享越来越便捷,产品生命周期的迭代也越来越迅速,消费者市场中也出现了越来越个性化的需求。在新的时代背景下,企业创新活动的内容和方向也发生了很大的变化。人们开始意识到有一些大型企业随着规模的增长,内部组织结构出现了僵化,官僚制和层级制的现象越来越严重,企业内部的文化氛围也并不鼓励过于激进的产品技术革新(Hurley et al.,1998)。很多大型企业更多依赖以往的成功经验进行与创新相关的战略决策,而不是依靠对于市场需求的敏锐反映。而大型企业在行业中较大的市场份额也成为一把"双刃剑",在保证企业能享受足够的产品利润的同时,也使得大型企业没有动力去通过产品创新来开拓更大的市场,以及承担更大的风险。

由于以往学者对于企业规模和创新绩效之间的关系没有确定性的结论,本书希望探讨在当今的社会环境中,企业规模对企业效率会产生怎样的影响。已有学者将企业创新过程细化为知识生产过程和知识商业化过程(Pakes et al.,1980;Furman et al.,2002;Moon et al.,2005;Brown et al.,1998),并且指出这两个过程并非完全独立,而是相互关联的,因为创新技术成果既是知识生产过程的产出要素,又是知识商业化过程的投入要素。本书认为,前人对于企业规模和效率之间关系的实证研究之所以出现较为复杂而不一致的结果,除了受到样本选择、企业所处环境的影响,更主要的原因是对于创新绩效测度采取的标准不一(Guan et al.,2010b;Guan et al.,2012)。本书为了探究企业规模对效率产生影响的原因及具体机制,使用DEA模型分别计算出了企业的知识生产效率和知识商业化效率,并且对于这两种不同的创新过程分别展开分析。将科技园区内的企业效率分为知识生产效率与知识商业化效率两方面来讨论,是对现有的单一绩效评估体系较为重要的补充。

在关于企业规模与企业创新效率之间关系的研究中,学者们主要从组织惯性以及资源基础观两个角度进行了分析。首先,从组织惯性的视角来看,由于不同规模企业的组织特征不同,大型、小型企业受到组织惯性的影响力度和作用机制也有很大区别。对于大型企业来说,由于企业内部具有丰富的物质和人力资源,可以有效地应对外界环境的变化,减缓其对于企业自身的影响和冲击。因而大型企业普遍缺乏风险意识,随环境进行变革的动力往往不如小型企业充足(Josefy et al.,2015)。从以往的研究中也可以发现,随着企业规模的增长,企业部门的种类与数量会逐步增加,部门之间的关系会趋于复杂,企业内部的信息流通会越发不畅,组织协调的难度也会相应增大。这会提升企业开展创新变革的难度,使得企业无法及时把握新环境中的新机会(高良谋 等,2009;金玲娣 等,2001)。此外,Mani等人(1999)的研究发现,随着企业规模的增长,企业员工会逐渐形成固定而统一的价值观念、行为范式和技术路径,员工会倾向于与组织群体的共同期望保持一致,而不是引领变革。Tushman(1997)的研究也发现,组织惯性很有可能使得企业产生技术创新的定向性,从而阻碍企业对新技术、新产品的追求。

与大型企业的创新过程相反,小型企业的优势在于其具有较高的灵活性。Scherer(1965)认为小型企业不同部门之间配合灵活,上、下级之间交流简便,这样的文化氛围能够提高决策过程的效率,同时激励员工开展更多的突破创新,从而在激烈的市场竞争中脱颖而出。Christensen(2013)更深入地分析了小型企业的创新活动,认为小型企业更注重与高校、研究院所或者同一产业集群中的其他企业合作,从而避免其在人力资源上的不足,以及降低创新成本的支出。而这样广泛的创新来源有利于小型企业通过合作创新,研发多样化的产品。Christensen同时列举了大量小型企业通过组织行为模式的调整和改善,在新的环境中开创新的技术范式,从而吸引新的资源,占领新的市场,成为一个行业的先驱者。

基于以上关于不同的企业规模对于不同知识生产效率的作用分析,本书提出研究假设1。

假设1:企业规模与知识生产效率负相关。

从资源基础观的角度来看,只有当某些内部资源具有价值性、稀缺性、难以被模仿以及难以被替代这四个方面的特征时,才能为企业带来持久的竞争优势,否则企业就很有可能被其竞争对手模仿或超越(Barney,1991;Crook et al.,2011)。社会网络也是企业的核心资源之一,并且是每个企业所独有的,难以被其他企业占据或模仿,同时能够为企业的长远发展带来很大的价值。通过网络关系的建立,企业可以从不同的渠道获取其所需的信息,用来识别一些重要的发展机会。

以往研究表明,大型企业能够利用其在行业中的优势地位,事先拥有关于某一市场的特定信息,而这些特定知识是竞争对手难以获得的,造成了大型企业与其他中型、小型企业的信息不对称。如果大型企业对这些知识和机会加以利用,将会在市场上获得先发优势,占据有利地位(Lieberman et al.,1988)。此外,大型企业本身就具有充足的内部资源作为支持,可以通过规模化大生产来降低产品成本,获得一定的价格优势,为中型、小型企业造成进入壁垒,使得中型、小型企业难以提升其在产品市场中的表现;同时,大型企业还可以利用其丰富的市场渠道和良好的品牌效应,不断推广新产品,在消费者市场中占据主导地位,以保持其持续性的竞争优势。

与大型企业相反,小型企业在知识商业化效率方面往往处于弱势。据《全球创业观察》(GEM)报告显示,尽管一些科技型中型、小型企业具有很强的研发能力,能够及时把握新环境中的机会,在技术创新方面取得了很大的突破,却难以在创新产品市场中获得很好的收益(魏谷 等,2014)。本书认为,主要是以下几种原因导致了小型企业在知识商业化效率方面的不足:首先,在资源禀赋方面,小型企业的组织内部既有资源往往较为缺乏,在资金、人力资源不足的情况下,小型企业很难实现多个产品线的规模化生产,将新技术转化为新产品推向市场;而且大部分小型企业在行业中认知度有限,导致资源获取能力不足,难以从外界获得新产品商业化过程所需的隐性和显性资源。其次,在市场能力方面,小型企业自身在行业中处于弱势地位,其谈判和议价能力、市场影响力和垄断地位等都不如大型企业,因而产品生产和市场推广过程受到很大的制约;此外,很多小型企业成立时间较短,自身市场经验不足,难以高效地完成与产品商业化相关的流程。最后,许多小型企业由于自身资源的限制,对于风险的承受能力不足,难以实现向不同市场范围的扩张。

基于以上对企业规模作用的分析,本书提出研究假设2。

假设2:企业规模与知识商业化效率正相关。

除了以上分析企业规模对企业知识生产效率和企业知识商业化效率的作用之外,也有研究探讨了企业规模与企业综合效率之间的关系。然而,不同的学者对于企业规模作用效果的研究结论有所不同:戴西超等人(2006)以江苏省工业企业为研究对象,发现中型、小型企业的创新水平要远高于大型企业;孙晓华等人(2014)指出,企业规模与生产率之间呈倒U形关系,并且在不同要素密集度的行业之间存在一定的差异;陈琨等人(2016)的研究发现,企业规模与产学研创新绩效(即新产品纳税额)之间存在着倒U形的关系。本书认为,之前学者的研究结论之所以各异,主要是由于对企业创新绩效的衡量标准不一。因而需要将反映技术创新成果的指标(如研发专利等),以及反映产品创新成果的指标(如新产品销售额等)这两方面的因素整体考虑到创新评价体系里,计算出企业在创新过程中的综合效率,从而得出更准确的研究结论。

首先,本书认为,尽管小型企业的知识生产效率较高,但其知识商业化效率较低,导致小型企业难以达到较高的综合效率。前面的论述已经从组织惯性等理论角度上表明了小型企业比大型企业具有更高创新能力的原因。此外,从创新的激励机制上来看,小型企业有更大的动力去开展技术创新,因为小型企业本身不具备市场资源上的优势,只有通过在产品技术上的不断推陈出新,才有可能在竞争激烈的产品市场中占据一定的位置(Josefy et al.,2015)。但是,小型企业在创新成果的转化方面面临较大的困境,这些共同构成了小型企业难以达到较高综合效率的根本因素。

其次,本书认为,尽管大型企业的知识商业化效率较高,但其知识生产效率较低,导致其难以达到较高的综合效率。前面的论述已经从资源基础观等理论角度上表明了大型企业比小型企业具有更高的产品商业化能力的原因。而且,从研发内容上看,大型企业通常倾向于利用自身丰富的资源,开展更多研发周期长、研发难度大的技术创新,这些创新往往质量很高,但是仅从知识生产效率上来看可能并不高(Forés et al.,2016)。因而,尽管大型企业占据了丰富的市场资源,但其对外界环境变革的反应不够敏锐,对于新知识的学习吸收过程较为复杂,对于新技术的研发效率较低,这些共同构成了大型企业难以实现较高综合效率的根本因素。

以上研究表明,大型企业和小型企业的综合效率分别受到各自资源、能力和组织结构以及外界环境等因素的限制,难以充分发挥各自的优势,实现综合效率的整体提升。尽管从目前看来,中型企业由于综合效率相对较高,达到了比较有利于开展创新的最佳企业规模,但是大型企业在市场资源方面的优势以及小型企业在技术创新方面的专长,都是中型企业在当下的规模条件下难以比拟的。如果大型企业能够积极开展组织结构上的灵活创新,而小型企业能够充分利用园区和联盟等为其提供的外部市场资源,无论大型企业还是小型企业都将有望在综合效率上赶超中型企业。

综合考虑以上对企业规模作用机制的分析,本书提出研究假设3。

假设3:企业规模与综合效率呈倒U形关系。

3.3 企业开展技术并购的作用

随着时代的发展,产品技术更新换代的速度越来越快,产品市场的竞争越来越激烈,消费者的需求也越来越多样化。全面提升创新能力,成为帮助企业主导市场、获得持久竞争优势的关键因素。无论规模大小,企业内部的研发能力都有一定的限制,因而企业在充分利用内部资源开展创新活动的同时,更应重视对外部资源的获取、消化和吸收,从而促进自身创新效率的提升。在这样的背景下,越来越多的企业开始意识到进行技术并购的重要性。

本书认为,技术并购通常是指企业以提升自身创新效率为战略目标,对于具有一定技术优势的企业进行并购的行为。在对并购目的进行讨论时,王喆等人(2015)认为,与一般的企业并购不同,技术并购并不是以开拓新渠道、拓展新市场等为主要目标,而是以学习先进技术、提升创新技能为目的。对并购主体进行讨论时,谢伟等人(2011)指出,技术并购并不一定局限于大型企业对中型、小型企业的收购,只要是以提升技术能力为导向的并购行为,都属于技术并购的范畴,而并购主体并不需要具有特定的方向性。对于并购绩效进行讨论时,已有研究认为,可以将企业对于新技术的研发成果,以及企业在新产品市场上的表现这两个方面作为衡量指标。

需要注意的是,企业并非开展越多的技术并购对其提升效率越有好处,企业需要依据自身的具体需求来制定适当的技术并购方案,从而最大限度地提升其并购绩效。不同规模的企业资源优势差异较大,对于外部资源的种类有不同的需求;不同规模的企业所处的发展阶段及其在行业中的地位不同,因而技术并购的战略目标不同;不同规模的企业已有研发经验和组织学习能力不同,对于外部资源进行消化吸收的程度不同;不同规模的企业技术并购经验不同,在并购过程中的沟通成本与谈判效率不同;不同规模的企业所拥有的生产渠道和市场资源不同,因而对于技术并购的新产品进行推广的能力也不同(Mowery et al.,1998)。考虑到企业技术并购对于不同规模企业的作用特征不同,本书认为,企业投资并购行为对企业规模与效率的关系存在调节作用,因此提出研究假设4。

假设4:企业规模与企业效率之间的关系受到企业所开展的投资并购活动的调节。

本书认为,大型企业开展技术并购活动,有利于其知识生产效率的提升。首先,从企业自身的特点来看,小型企业拥有较为先进的技术开发能力、较为迅速的市场需求应变能力以及较为顺畅的内部成员间沟通能力;大型企业具有较为充足的资源、较为成熟的规模化大生产能力以及较大的市场影响力。从Williamson(1975)的创新三阶段理论也可以得知,在技术发明、产品开发和市场供给这三个阶段当中,小型企业最擅长在初始阶段中进行突破性技术创新,而大型企业最擅长在后期阶段中进行新产品的生产和市场推广。大型企业积极开展技术并购的行为,可以实现双方资源的优势互补,使得大型企业有机会对最先进的技术加以利用,而小型企业的研发人员则有机会将自身的技术以更高的效率推向市场,并且可以依靠大型企业强有力的资源支持,进一步增加研发投入,促进后续知识创新成果的产生(Gupta et al. 2006)。而且,很多大型企业基于以往成功的经验可能会对某个技术领域、某种内部创新机制形成一定的路径依赖。在这种情况下,大型企业即使不断增大研发投入,也很难带来效率的提升(王珍义 等,2015)。此外,通过技术并购行为,大型企业在对被并购企业的现有技术进行开发利用之外,还可以增进与被并购企业的技术人员之间的交流,不断消化、吸收其核心技术,改进自身的技术创新流程,以提升自身的创新效率。

而小型企业开展技术并购活动则不利于其知识生产效率的提升。首先,小型企业在创新能力上具有一定的优势,通过技术并购行为,只能实现与被并购企业在技术创新上的"强强联手",不如优势互补对知识生产带来的效用更高。而且许多小型企业资源有限,如果技术并购的成本占用了过多的资源,会对其自身创新过程产生不利的影响,从而导致整体知识生产效率的下降(Liao et al.,2007)。此外,在小型企业自身研发人员有限的情况下,需要不断革新技术和产品以应对较大的市场竞争压力,难以有足够的时间和精力对被并购企业的技术进行充分的消化吸收。因而,尽管通过技术并购活动可以为小型企业带来一定的协同效应和合作创新成果,但是其帮助提升小型企业自身知识生产效率的作用并不显著。

综上所述,在假设4的基础上,本书认为,企业所开展的技术并购活动对不同规模企业的知识生产效率有显著的影响,因此提出研究假设4a。

假设 4a：当企业开展技术并购活动时，企业规模与企业知识生产效率之间的负向关系更弱。

本书认为，小型企业开展技术并购活动，有利于其知识商业化效率的提升。首先，从开展技术并购的目的来看，小型企业自身知识生产效率较高，而知识商业化效率较低，对于提升新产品商业化水平的需求更为强烈。已有研究表明，小型企业充满活力的组织架构虽然对于技术创新很有帮助，但是后期的产品创新阶段却更依赖于大型企业丰富的资源和稳定的渠道(Graebner，2010)。通过技术并购的形式，将小型企业与被并购企业捆绑为利益共同体，不仅能够联手打造创新成果，而且可以拓展小型企业自身的组织边界，使之具备更多适合产品创新的特征(Louis et al.，2010)。其次，从企业自身的资源特点来看，小型企业虽然拥有技术创新能力上的优势，但是其掌握的市场资源有限，难以实现产品的大规模、低成本生产，在新产品推广方面的能力和经验也不充足；同时，小型企业一般在行业中处于相对弱势的地位，不具备较大的话语权和影响力，难以吸引到外部的专家、资金等资源投入到自身的商业化过程之中(Soosay et al.，2008)。在面临诸多不利因素的情况下，小型企业只有通过开展技术并购活动，与被并购的企业在市场方面"强强联手"，充分利用被并购企业的市场资源和销售渠道，加快新产品的生产和推广速度，才能在和其他企业的竞争过程中抢得先机，在消费者市场中占据一定的份额。

然而，大型企业开展技术并购活动，对于其知识商业化效率会产生一定的负面影响。首先，由于大型企业自身创新动力不足、技术能力有限，其开展技术并购的重点目标在于提升知识生产效率，而非提升知识商业化效率。对于大型企业来说，首先需要对被并购方的新技术进行消化和吸收，之后才能将并购而来的新技术经过一系列商业化过程，打造为新产品向市场推广(Zhou et al.，2012)。由于新产品的核心技术来源于企业外部，因而与大型企业自身产品的生产或营销范式有所不同，需要耗费一定的精力和成本去磨合(Makri et al.，2010)。其次，为了更好地推广新产品，大型企业需要将自身一部分的市场资源和销售渠道从对于已有产品的生产和推广中分割出来，这可能会对现有产品的商业化效率造成一定的影响。因而从短期来看，大型企业开展技术并购反而不利于其知识商业化效率的提升，然而从长远来看，适当的技术并购一定会为大型企业带来较好的经济收益。

综上所述，本书在假设 4 的基础上进一步提出，企业所开展的技术并购活动对不同规模企业的知识商业化效率有显著的影响，因此提出研究假设 4b。

假设 4b：当企业开展技术并购活动时，企业规模与企业知识商业化效率之间的正向关系更弱。

3.4 企业加入联盟的作用

3.4.1 企业加入联盟级别对不同规模企业创新效率的影响

随着人工智能、新能源和生物医药等领域新技术的不断涌现,产品市场的技术变革与更新迭代速度不断加快,企业面临着越来越动荡的市场环境和越来越激烈的市场竞争。很多企业已逐渐意识到,仅仅依靠其内部的资源进行研发活动很难帮助企业获得持续的动态竞争优势(Gulati,1999)。在新的时代背景和社会需求下,越来越多的企业选择与科研机构或其他企业开展合作,利用外部知识和资源开展创新,以提升企业自身的技术创新能力和市场推广能力。

对于企业来说,通过联盟等形式开展合作创新,是其合理利用外部资源实现自身战略目标的一种最有效的方式。联盟成员在合作过程中可以各取所需,实现先进技术与优势市场资源的互补。与同一园区的企业进行知识共享、资源交换,或就某一项目开展短期合作相比,联盟成员之间有着更长久稳定的关系。李东红(2002)认为,联盟这种组织结构形式,是企业与联盟成员在各自保留独立的社会身份的同时,通过签订契约来明确双方在合作中的责任和义务,互相约束和规范彼此在合作过程中的行为,以实现共同研发新产品、共享分销渠道等战略目标。在契约关系之外,联盟成员之间也通常通过合作出资、交换股权等方式,成为联系更紧密的利益共同体(张公一,2010)。

本书根据联盟成员所处地理空间位置分布的不同,将联盟分为两个级别:国家级联盟和区域级联盟。对于国家级联盟来说,其内部包含了来自全国不同城市的企业和科研机构。由于不同区域的优势资源分布很不均衡,这种跨区域的联盟有利于知识的流动和资源扩散,能够缩小不同区域企业之间在技术创新能力方面的差距,促进技术资源和市场资源的优化配置。司尚奇等人(2010)对于我国珠三角、长三角、东北等六大跨区域联盟的技术转移活动进行了研究,并绘制了联盟中不同城市合作网络图,发现城市间合作网络的密度对于企业间技术转移能力有显著的影响。此外,该研究还利用社会网络的方法,计算出了联盟中不同城市的中心性和中介性,指出对某些重点城市的合作网络进行培育和扶持,有利于联盟整体的知识转移效率提升。

对于区域级联盟来说,其内部包含了来自同一区域的企业。已有学者从区域创新体系的理论出发,指出企业和科研机构如果在地理位置上相互靠近、在生产分工上相互关联,就会形成一个激发创新的区域组织系统(Cooke et al.,1998)。

区域级联盟的出现有利于企业在此系统的基础之上建立更为稳定的关系,开展更为密切的合作。司尚奇等人(2009)从共生网络的理论视角出发,指出地域范围上的临近程度、经济联系上的密切程度等因素,都会影响创新网络成员之间的知识转移程度。随着联盟成员之间距离的增加,彼此进行知识共享和资源交换的成本增加,可能会超出小企业的承受能力范围。基于以上论述,本书认为不同级别的联盟对于不同规模的企业效率影响各异,因此提出研究假设5。

假设5:企业加入的联盟级别会对企业规模与效率之间的关系起到调节作用。

国家级联盟的特点在于,联盟中的企业来自不同的城市,拥有不同的社会文化背景和独特的认知资源优势。首先,根据Nooteboom(2000)的观点,技术联盟企业之间的认知距离对于合作创新绩效有倒U形的影响。本书认为,与同处于较小地理空间之内的企业相比,国家级联盟中企业之间的认知距离明显要更大。这样的合作形式可以避免由地域邻近性导致的知识同质化,有利于企业之间充分利用多样化的知识储备,相互启发、彼此促进,共同创造新知识,实现技术的突破性创新(Liu et al.,2013)。此外,尽管地理位置的隔绝造成了国家级联盟中的企业在一定程度上的知识溢出障碍,但是联盟中的企业都处于同一行业,仍然可以利用相同行业背景的优势,相互分享行业内部专有的隐性知识,促进彼此的了解和信任。因而,国家级联盟中的企业不会随着地理位置的遥远而不断增加认知距离,反而会使认知距离保持在对提升合作创新能力效用最大的范围内。从认知距离的视角,本书认为国家级联盟为企业创造了较好的组织间学习的环境,能够帮助企业通过对资源的有效吸收,达到核心创新能力的不断提升(朱廷柏,2006)。

本书认为,大型企业加入国家级联盟更有助于其知识生产效率的提升。对于大型企业来说,组织惯性等因素导致其本身技术创新能力有限,为了维持竞争优势,更需要从国家级联盟中获取多样化的知识和互补资源,以提升自身的研发水平。宋铁波等人(2013)的研究指出,地域的差异导致企业成长的制度环境不同,拥有独特资源禀赋不同,优势能力培养的路径也不同,而企业之间的异质性正是促进其开展跨区域联盟合作的主要动力。通过与国家级联盟的成员深入开展知识转移与资源交互活动,大型企业得以不断学习合作伙伴的优势与专长,在技术层面上与其达到高度融合,进而实现提高其动态竞争能力的目的。此外,吴松强等人(2017)对于联盟伙伴选择的研究也表明,企业的声誉度也是联盟成员选择合作伙伴的重要衡量标准之一。国家级联盟成员之间由于地域和文化制度的隔阂,彼此之间存在一定的信息不对称性,在建立合作关系时往往比较谨慎。大型企业由于在行业中的认知度较高,比较容易获得其他企业的信任。同时,在与大型企业合作时,这些合作伙伴倾向于对合作结果产生乐观的预期,也会提升其知识转移的意愿,降低合作关系中的管理、沟通和监督等交易成本(Jiang et al.,2016)。

通过与联盟成员高效的合作,大型企业可以在国家级联盟中实现知识生产效率的提升。

对于小型企业来说,其本身已经拥有了较强的技术创新能力,特别是由于其组织惯性较小,组织学习能力较强,能够紧跟新技术的发展变化,甚至可以通过突破性创新引领整个行业的技术变革(Yang et al.,2014)。通过联盟进行知识共享,更大程度上使得小型企业的资源使用效率、资源使用界限扩大了,却没有在本质上帮助其获得实现能力突破的关键性稀缺资源(Sampson,2007)。而且,小型企业由于自身在行业中认知度不高,为了获取合作伙伴的信任,需要付出更高的沟通成本。而国家级联盟中的许多企业在地理距离上相隔较远,文化环境和制度背景也各不相同,在沟通过程中需要克服许多障碍和冲突,才能维系合作关系的长久稳定。小型企业本身资源和精力有限,如果在与联盟成员的沟通过程中耗费过多的成本,可能会分散其对于技术创新和新产品研发过程的投入。因此,加入国家级联盟反而不利于小型企业知识生产效率的提升。

由此看来,国家级联盟对于不同规模的企业知识生产效率的作用机制不同:对于大型企业来说,加入国家级联盟可以很好地弥补其在技术创新能力方面的不足,大型企业本身的声誉度也可以帮助其获得联盟成员的信任,进一步降低合作成本;而当小型企业加入国家级联盟时,联盟成员之间的知识溢出为其技术创新能力"锦上添花"的作用有限,与合作伙伴的较高沟通成本反而会分散其用于新产品研发过程的投入。因此本书提出研究假设5a。

假设5a:当企业加入较多的国家级联盟时,企业规模与企业知识生产效率之间的负向关系更弱。

对于小型企业来说,通过联盟这种社会化网络,可以主动向其合作伙伴进行技术扩散,实现知识转移,以换取当地的市场份额、降低企业进入障碍,即所谓的"以技术换市场"。有研究表明,当小型企业拥有某种独特的技术或资源时,它对其他企业的吸引力会变大,其在联盟中的地位也会相应提高(詹也,2013)。因而,小型企业可以利用自身技术优势,弥补其在规模方面的不足,吸引到更多掌握关键市场资源的合作伙伴,并且在合作过程中提升与其他联盟成员的议价能力,以提升自身的知识商业化效率(Vandaie et al.,2014)。小型企业通过国家级联盟进行资源交换,可以获得有关联盟合作伙伴所处地域的信息网络、消费者偏好等,并在联盟伙伴的协助下与该区域的政府管理机构建立联系,与制造商、供应商等建立良好合作关系,获得企业需要的专用性投资,学习市场营销相关经验等,这些都可以帮助企业降低价值链的运作成本,缩短产品开发周期,进而提升其知识商业化效率(Lavie,2007)。另外,小型企业可以通过加入较多的国家级联盟,从联盟伙伴中获取其发展所需的异质性资源,弥补自身在资源方面的不足,避免对可获得资源的重复建设,进而降低了其在不同区域市场的进入壁垒(Kauppila,2015)。

而且在将新产品向市场推广时,由于不同区域的消费者偏好不同,制度环境和文化背景也不同,新产品商业化过程往往面临着很高的风险。小型企业由于自身资源有限,对于风险的承受能力普遍不足,与国家级联盟中的成员建立合作关系,可以帮助小型企业分散风险,保障其在知识商业化过程中的收益。

然而对于大型企业来说,加入国家级联盟对其提升知识商业化效率的作用不大。首先,大型企业本身具有较为充足的市场推广经验,其在联盟中关于商业化知识的输出往往更多。而且由于国家级联盟内部的企业所处的地理位置、制度环境不同,企业所拥有的文化背景和价值观也具有很大的差异。大型企业由于自身组织惯性较大,对于新知识的整合与吸收能力较差,在与国家级联盟伙伴合作时耗费的沟通成本较高,从中获取的商业化知识比较有限(Wuyts et al.,2014)。其次,在与联盟中的小型企业合作的过程中,大部分大型企业需要以自身的市场资源交换小型企业的新技术和新知识,在实现组织学习的同时,也分散了一部分市场资源用以满足小型企业的需求,使得其在与联盟伙伴合作的产品范围之外,其他新产品市场竞争中处于不利地位。因此,加入企业联盟反而不利于大型企业知识商业化效率的提升。

考虑到国家级联盟对于企业规模与知识商业化效率之间关系的调节作用,本书提出,加入国家级联盟对小型企业的知识商业化效率提升作用更为明显,因为小型企业可以充分利用自身的技术优势,与联盟伙伴进行资源交换,获取开拓新产品市场的信息、经验与资本,并且帮助其分散在知识商业化过程中的风险。因此,本书提出研究假设5b。

假设5b:当企业加入较多的国家级联盟时,企业规模与企业知识商业化效率之间的正向关系更弱。

根据以往的研究,与国家级联盟不同,区域级联盟内部的合作伙伴通常更容易建立信任。由于同一区域内的企业之间拥有相同的社会背景、经济环境、文化环境和政策环境等,联盟成员在彼此沟通时处于同样的语境,有更大的认同感,比较不容易产生误解,发生冲突或引起联盟关系破裂的概率也会大大降低(McAdam et al.,2016)。如果将联盟本身看作一个创新网络,联盟成员在其中建立正式与非正式的关系,以实现显性知识与隐性知识的交换,从而促进新思想的诞生。联盟成员之间合作关系的密切程度,是合作过程默契通畅的基本保障。而联盟成员之间相互信任的建立,是保障其合作关系的基础(丁元杰,2015)。

本书认为,大型企业加入区域级别的联盟更有助于其知识生产效率的提升。对于大型企业来说,由于其本身在区域内具有较高的声誉度,也容易赢得其他合作伙伴的信任。而且很多大型企业的业务范围较广,会与同一区域内的企业建立频繁、重复的合作关系,在这种情况下,联盟伙伴对于未来的合作关系会产生正面的预期,认为该大型企业不会采取机会主义行为,因而会降低监督和谈判成本,提升合作创新的效率。同时,信任关系的不断深化也会促使合作伙伴毫无保留地与大型企业分享更多的关键技术和内隐知识,有助于联盟内部的知识流动(Hohberger et al.,2015)。此外,大型企业在与同一区域内的企业建立联盟关系时,还可以充分利用地理位置上的优势,在正式与非正式的场合与合作伙伴进行更深入的互动,对于技术创新的复杂过程进行沟通,有助于新知识的创造。

然而,对于小型企业来说,加入区域级别的联盟对于其知识生产效率反而会产生负面的影响。首先,小型企业由于自身在行业中的认知度和影响力不高,如果想要获得区域级联盟中合作伙伴的信任,需要在合作过程中付出更多的沟通成本,反而会增加小型企业技术人员的负担,并分散其用于创新活动的研发资金等有限资源,进而降低小型企业知识生产效率(Howard et al.,2016)。其次,由于小型企业普遍具有较强的创新能力,对于外界市场变化的反应较为敏锐,且通常是某个区域内技术变革的引领者,因而其在区域级联盟中能够获取的新技术知识、新生产工艺较为有限,不足以弥补其与联盟成员合作过程中付出的沟通成本。最后,小型企业加入区域级联盟主要是为了充分利用合作伙伴在某个区域内的市场资源,以弥补其在产品商业化过程中的劣势,因此从区域级联盟中学习新技术并不是其最主要的战略目标。因而,本书提出研究假设 5c。

假设 5c:当企业加入较多的区域级联盟时,企业规模与企业知识生产效率之间的负向关系更弱。

本书认为,小型企业加入区域级别的联盟有助于其知识商业化效率的提升。赵炎等人(2016)对生物医药科技企业进行研究,发现联盟企业的地理临近性对于提升联盟绩效起到了至关重要的作用。该研究指出,尽管现代科技的发展使人们可以随时随地通过电子设备交流,然而与合作伙伴在同一物理空间内进行面对面的沟通依然是必不可少的。对于小型企业来说,由于其自身处于成长初期,在整个区域之中的话语权比较有限,在开拓市场的过程中常常面临较高的进入壁垒(Wang et al.,2015)。通过与同一区域内的企业建立联盟关系,小型企业可以与合作伙伴就自身的诉求进行沟通,并充分利用合作伙伴的市场资源,大规模生产并推广其新产品,以实现知识商业化效率的提升。同时,小型企业由于自身规模和资源的限制,对于联盟失败的风险承受能力较低(Love et al.,2015)。而较短的地理距离为同一区域的联盟伙伴之间创造了较为频繁的互动机会,有利于其建立持久而稳定的合作关系。这非常有助于小型企业长期健康的发展,也为小型企业逐步积累资源、提升商业化能力打下了良好的基础。

然而,对于大型企业来说,加入区域级别的联盟反而会对其知识商业化效率产生负面的影响。大型企业凭借其规模的优势,在行业中占据一定的主导地位,可以优先并充分使用某区域内的市场资源,因而其通过加入区域级联盟的形式提升商业化效率的需求并不高(Alvarez et al.,2001)。大型企业加入区域级联盟主要是为了与具有技术优势的小型企业建立合作研发的关系,以改善自身的创新流程,提升自身的技术能力。在此过程中,大型企业通常需要通过"以市场换技术"的形式,将其市场资源与小型企业共享,包括生产工艺、销售渠道等,因而会分散大型企业自身的产品商业化资源,并对其商业化效率产生负面的影响。因而,本书提出研究假设5d。

假设5d:当企业加入较多的区域级联盟时,企业规模与企业知识商业化效率之间的正向关系更弱。

3.4.2 企业加入联盟类型对不同规模企业创新效率的影响

在当今科学技术的动态创新与市场变革的激烈竞争中,企业仅仅凭借自身的资源很难持续立于不败之地,因而需要与高校、科研机构等开展大量的合作,以学习和获取优势资源,实现创新能力的突破与企业效率的提升。产学研联盟是在产学研合作的基础上发展起来的一种更为密切的合作形式,联盟成员拥有共同的战略目标和发展愿景,能够一起分担合作的风险,共享合作的收益(Santoro,2000;Santoro et al.,1999)。虽然学术界没有关于产学研联盟的统一定义,但是学者们对其展开了大量讨论(Tsai et al.,2015)。仲伟俊等人(2009)认为,产学研联盟的主体由企业、高校和科研机构共同构成,其合作创新活动受到金融服务机构、其他中介平台以及政府优惠政策的共同支持,其合作目标为提升联盟成员的技术研发能力与产品推广能力,同时有助于整个社会的科技进步和经济水平的提高。汪之明(2010)指出,与一般的产学研合作相比,产学研联盟更强调创新成果的生产与商业化过程,即非常重视联盟在实现经济效益中能够起到的作用。本书认为,产学研联盟是高校、科研机构和企业基于多样化的知识背景,展开优势资源互补与组织间交互学习的一种手段,能够从根本上促进联盟成员的知识生产效率和知识商业化效率的提升。

与国家级联盟和区域级联盟的作用相类似,产学研联盟也可以通过联盟成员进行频繁而深入的信息交换与资源互补,促进新知识的产出,从而提升企业的创新效率。联盟领域的许多研究表明,产学研联盟对企业创新效率的提升,尤其是不同规模的企业起到了完全不同的作用效果:产学研联盟能够帮助这些处于初期发展阶段、自身市场资源较为匮乏的小型企业,在产品市场中获得认知度和合法性,从而提升其知识商业化效率(Ma et al.,2011)。而对于产品商业化能力较强、拥有较为成熟稳定的市场资源的大型企业来说,最大的发展瓶颈在于企业自身开展突破性创新的动力不足,而产学研联盟中高校和科研机构的技术优势正有利于提升其知识生产效率(Acs et al.,1987)。因而,产学研联盟对于企业规模与效率之间的关系起到了必不可少的调节作用。所以,本书提出研究假设6。

假设6：企业规模与企业效率之间的关系受到企业所加入的产学研联盟的调节。

从显性知识的角度来看，大型企业在产学研联盟中更容易获得较高的显性知识转移效率。比起小型企业，大型企业可能具有更完备的契约协调机制和更标准化的沟通流程，即在合作关系开始之前，事先与联盟中的其他成员通过正式书面协议，达成具有法律效力的明文约定，如合作双方在研发过程中的投入比例、研发成果的知识产权如何分配等（刁丽琳 等，2015）。由于大型企业比小型、微型企业普遍具有更完善的知识储备和更丰富的市场经验，因而在制定合同时对于未来产出目标会有更准确的预估。同时，由于显性知识本身具有可编码化等特点，在转移过程中更容易对其进行量化的评测，并将预估的效果体现在合同当中（Dhanaraj et al.，2004）。比如，双方需要通过定期的工作会议，以及最终的项目成果汇报等，进行显性知识的共享与合作进程的监督。通过这种书面合同形式，可以对合作双方产生一定的约束和压力，从而得到更高的成果产出。虽然双方在协议过程中彼此的沟通会无可避免地导致一定程度的精力消耗，但与此同时该协议也成为高校和科研机构等组织积极投入合作过程的动力，因为双方更明确自身从合作中获得的收益（Ryall et al.，2009）。此外，由于大型企业自身具有较高的社会地位和较好的行业信誉，如果违反合同约定，不仅要承担声誉损失的后果，也很难脱离法律诉讼的制裁（Lockett et al.，2005）。因而高校和科研机构在和大型企业合作的过程中面临较小的风险，发生重要信息和商业机密泄露的可能性大大降低，而贡献知识的合作意愿则会大大增强。

从隐性知识的角度来看，大型企业在产学研联盟中也更容易获得较高的隐性知识转移效率。由于隐性知识具有难以量化、难以编码的特点，且主要通过一些非正式的场合与渠道进行交互，因而不能通过正式契约的形式进行约束。在这种情况下，隐性知识的交互主要依赖双方合作信任的建立（Bstieler et al.，2015）。比起小型企业，由于大型企业在行业内具有一定的优势地位，从以往的成功经验可以推断，其技术创新能力已经经过了实践的检验和市场的认可。因而，大型企业更容易得到联盟成员中高校和科研机构的信任，也更容易与其建立紧密的社会合作关系。Mellewigt等人（2007）的研究指出，通过信任关系的建立，合作双方会提升对于合作成果的良性预期，降低对合作风险的预估，也倾向于产生更加频繁的交流互动。对于产学研联盟来说，联盟成员大都来自不同的背景，拥有不同的技术强项和资源优势，因而更需要通过毫无保留的沟通，促进关于对方知识内容与情境的理解，增强信息交互的深度的同时拓宽知识共享的广度（Luo et al.，2013）。通过比较，本书发现大型企业更有可能利用自身优势与联盟成员产生积极的互动，也更有把握将产学研联盟的作用发挥到最大。通过以上对显性知识和隐性知识这两个角度的综合分析，本书认为，产学研联盟对于大型企业的技术创新能力提升有很好的促进作用。

然而,对于小型企业来说,成为产学研联盟的成员可能反而不利于其知识生产效率的提升。首先,小型企业本身在技术创新上具有一定的优势,比如对新技术变革反应迅速,以及组织惯性较小导致的决策执行力强等,这些特点使得小型企业在新产品的研发能力上普遍优于大型企业。因此,在与产学研联盟中的其他企业合作时,小型企业的知识溢出往往多于其在联盟中的知识获取,很难从联盟中实现关键技术的学习和创新能力的提升(Chen et al.,2010)。此外,由于大部分小型企业存在成立时间短、市场份额小、社会认知度低等现状,在出现违反合同条约的情况时也不如大型企业容易追责,因此无法获得合作伙伴的充分信任。在与产学研联盟中的高校和科研机构合作时,合作伙伴为了规避道德风险和逆向选择风险,在与小型企业进行显性知识交互之前,会签订尽可能细致、复杂的书面条约,在沟通协商的过程中耗费大量的精力和时间,从而降低了联盟的合作效率。而许多合作伙伴在与小型企业进行隐性知识交互的过程中,也会选择有所保留,不愿将最重要的信息进行全面的共享(Arvanitis et al.,2008)。而这种不信任感的传递也容易使得小型企业认为合作关系难以为继,从而撕毁条约或提前中止合同。因而,小型企业想要将联盟中获得的有效知识转移,要比大型企业面临更多的困难。

综合考虑以上论述的企业规模对于企业知识生产效率的影响,本书提出研究假设6a。

假设6a:当企业加入较多产学研联盟时,企业规模与企业知识生产效率之间的负向关系更弱。

从市场导向的视角来看,小型企业积极加入产学研联盟有利于其知识商业化效率的提升(付向梅 等,2015)。大量研究发现企业对于联盟战略伙伴的选择首先基于企业自身的资源基础考虑(Wassmer et al.,2012)。由于大多数小型企业能够调用的市场资源不足,同时缺乏在产品商业化推广方面的经验,因而更倾向于选择能够为企业提供稀缺、有价值且难以模仿的市场资源的合作伙伴,通过优势互补来获取在市场上生存和发展的动力。邓渝等人(2012)的研究表明,联盟合作伙伴的多样性可以为企业提供不同种类的知识,促进企业创新能力的全面提高;企业可以根据自身的战略目标选择不同的合作伙伴,以提升合作联盟的经济效益。通过与产学研联盟中的大型企业合作,小型企业能够以自身的突破性创新技术来换取市场资源,以探索新的机会并开发新的客户群体。通过与联盟中的高校和科研机构合作,小型企业可以构建新的知识网络,获取专业的市场营销知识,以弥补自身新产品推广业务能力的不足。

从政策导向的视角来看,小型企业加入产学研联盟有利于其知识商业化效率的提升。大量研究都发现政府支持对于产学研联盟绩效存在积极的影响(Shu et al.，2015)。冯雪飞等人(2011)结合辽宁省产学研联盟发展的现状,指出政府在促进产学研联盟效益方面发挥了很大的作用,包括提供了对企业持续创新的扶持服务,完善了中型、小型企业的创新环境等。秦玮等人(2014)基于动机—行为—绩效的理论研究表明,政策导向动机是企业加入产学研联盟的积极合作动机之一。国家或地方政府对于产学研联盟的资金、优惠政策和配套设施的支持,能够增加小型企业加入联盟的动力,促进联盟合作成员之间的密切互动。由于小型企业自身在行业中处于较为弱势的地位,因而更依赖政府对于联盟的支持,从中获取用于推广新产品的市场资源。同时,由于小型企业对于风险的承受能力相对较小,而新产品在市场环境中面临的不确定性较大,所以小型企业更需要通过政府的支援来帮助其分担风险,在共享新技术商业化收益的同时,在动态变革的环境中维持自身的生存和发展。

然而,对于大型企业来说,加入过多的产学研联盟反而不利于其知识商业化效率的提升。首先,大型企业本身在创新产品的市场推广上具有一定的优势,比如在消费者市场中品牌认知度较高,以及占有更广阔的销售渠道与更成熟营销模式等,这些特点使得大型企业在知识商业化能力上普遍优于小型企业(Dougherty et al.，1996)。因而,在产学研联盟中与其他小型企业合作时,大型企业产品商业化知识的溢出往往多于其在联盟中的知识获取,很难从联盟中实现营销知识的学习;而在与产学研联盟中的高校和科研院所合作时,大型企业的主要目的在于获取突破性的技术创新成果,并且在合作过程中扮演着为高校和科研院所提供营销渠道和研发资金的角色(汪之明,2010),这种固有的合作模式决定了大型企业很难从中获得市场推广能力的提升。

此外,从以往的研究中可以看出,产学研联盟的主要合作形式包括委托开发、合作开发与共建实体等,重点突出了"研发、实验、产品生产、市场推广"的一体化,而大型企业主要负责后半阶段的生产和销售工作(Pérez Nordtvedt et al.，2008)。大型企业在与联盟伙伴进行合作时,需要配合对方的具体需求,将自身的市场资源与合作伙伴进行共享和对接,从而共同承担合作风险,共享联盟的收益。为了充分发挥大型企业在市场方面的优势作用,帮助联盟伙伴进行市场开发和拓展,大型企业需要将有限的资源分散到产学研联盟合作项目中,因而不利于自身产品的推广。尽管在此过程中,科研机构也经常通过技术转让等形式,让大型企业使用其专利实施许可及其他非专利技术,以此作为对使用大型企业市场资源的回报,但并不能完全弥补大型企业自身知识商业化效率受到的损失。

由此可见,产学研联盟的重要作用决定了其对于企业商业化效率有着显著的影响。一方面,产学研联盟中合作伙伴的多样化能帮助小型企业弥补其市场营销方面专业知识的不足,同时加入产学研联盟能为小型企业带来政府相关政策的扶持,从而有助于其实现知识商业化效率的提升(Forsman,2011)。另一方面,大型企业不仅很难从产学研联盟中获取提升新产品商业化效率的相关技能和知识,反而更有可能将自身的市场资源分散到与联盟伙伴合作的项目中,不利于其内部研发的新产品的销售和推广。因此本书认为,产学研联盟对小型企业的知识商业化效率有正面影响,而对于大型企业的知识商业化效率有负面影响。因而,本书提出研究假设6b。

假设6b:当企业加入较多产学研联盟时,企业规模与企业知识商业化效率之间的正向关系更弱。

综上所述,本书探讨了企业所加入的联盟类型对于企业规模和效率之间关系的调节作用。过去的研究主要讨论了企业联盟对企业效率的直接影响,忽略了对于企业知识生产效率和知识商业化效率的分别讨论,因而未能对企业联盟的调节机制做出明确的结论。此外,本书将企业加入的联盟类型进行了归类,按照联盟级别分为国家级联盟和区域级联盟,按照联盟成员是否有高校或科研机构分为产学研联盟和非产学研联盟,从而探究不同种类联盟的调节作用具有怎样的特点。

本书认为,大型企业加入国家级联盟有助于其知识生产效率的提升,因为大型企业自身的技术创新能力有限,需要利用国家级联盟成员多样化的知识和互补性资源开展创新,其在行业内部较高的声誉度也有利于其赢得联盟合作伙伴的信任;小型企业加入国家级联盟有助于其知识商业化效率的提升,因为小型企业可以利用自身的技术优势与不同地域的联盟伙伴交换市场资源,共同分担商业化过程的风险。大型企业加入区域级联盟也有利于其知识生产效率的提升,因为大型企业可以充分利用地理位置上的优势,获得同一区域内其他企业的知识溢出;小型企业加入区域级联盟也有助于知识商业化效率的提升,通过与同一区域内的企业频繁互动,有利于小型企业与联盟伙伴建立稳定的合作关系,并且降低区域市场的进入壁垒。当大型企业加入产学研联盟时,可以利用完善的契约协调机制和其自身在行业中的信誉和认知度,提升联盟内部显性知识和隐性知识的转移效率,进而有利于其知识生产效率的提高;当小型企业加入产学研联盟时,可以充分利用政府对于产学研联盟的优惠政策和扶持服务,提升自身的知识商业化效率。

3.5 企业所在园区特征的作用

3.5.1 企业所在园区成熟度对不同规模企业创新效率的影响

高新技术园区通常是指以实现技术创新和经济增长为战略目标,为一群知识密集型企业、科研机构、中介服务机构等打造相互临近的地理空间,以便共同进行新产品的研发、生产和市场推广(Lamperti et al.,2017)。企业通常与其所处的高新技术园区具有相互促进、共同成长的特点。高新技术园区培育、扶植了其内部的大量企业,为其提供发展所需的平台、辅助设施与公共服务机构,为其创造知识流通、资源交互的空间;而企业的成长也会带动园区的发展,使其实现内部企业的集聚和外部规模的扩张,成为有生命力和发展前景的集群。每一个园区都具有各自独特的风格,其特征的形成受到许多内外部因素的共同作用,外部影响因素包括政府政策、经济环境、社会文化环境和技术环境等,内部影响因素包括园区自身的管理制度、创新激励手段、投资融资环境等(包彦明,2006)。

本书认为,对于园区特征影响最大的因素之一应为园区生命周期。生命周期的理论内涵非常丰富,应用范围十分广泛,国内外研究中比较成熟的理论模型包括产品生命周期、技术生命周期、组织生命周期以及产业生命周期等。1966年,哈佛大学教授Raymond Vernon在《产品周期中的国际投资与国际贸易》中最早提出了产品生命周期理论,认为产品的市场寿命会经历导入期、成长期、成熟期和衰退期这四个阶段。包彦明(2006)在关于高新技术园区生命周期的研究中,将园区的发展寿命也划分为准备阶段、发展阶段、成熟阶段和衰退阶段这四个阶段。

本书认为,高新技术园区在建立初期,会在园区内部组建许多的配套设施、中介服务机构等,并且提供相应的优惠政策,以吸引大量的新企业、衍生企业、科研机构和金融投资机构进入园区,这一阶段可以被定义为园区的"形成期";在园区成立一段时间之后,园区管理委员会积累了一定的经验,能够针对园区特点颁布有利于园区发展的政策,企业和周边服务机构达到一定的规模,聚集效应逐渐显现,这一阶段可以被定义为园区的"成长期";园区成立较长时间后,企业和服务机构高度聚集,企业在园区中竞争压力和生存成本增大,园区内部系统发生"裂变"现象,逐渐有新的园区从老园区中分离出来,这一阶段可以被定义为园区的"成熟期";最终,随着园区年龄的增长和园区内部管理体制的僵化,园区文化风气日益传统封闭,企业失去发展活力,不能较好地适应市场需求,这一阶段可以被定义为园区的"衰落期"。

园区为企业的生存和发展提供了大环境,企业在园区中作为独立的个体,也具有一定的主动性和适应性,可以根据环境的变化来调整自身的状态,并且可以根据自身的需求来选择合适的方式与外部环境互动,不断地学习、成长和演化(Hobbs et al.,2017)。不同规模的企业具有不同的资源优势,也具有不同的劣势和局限性,因而在与园区中其他企业、科研或服务机构开展合作时,战略导向不同,合作方式各具特色,合作创新的成果也不尽相同。综上所述,本书认为,企业所处园区生命周期对企业规模与效率之间的关系有显著的影响,因此提出研究假设7。

假设7:企业规模与企业效率之间的关系受到企业所在园区成熟度的调节。

首先,对于大型企业来说,处于成熟度较高的园区更有利于其提升知识生产效率。在成立时间比较久的园区,其内部企业数量增大直至趋向饱和,集群规模和企业空间密度都达到最大化。在这种环境中,企业之间相互抢夺资源的竞争非常激烈(Uzzi,1997)。由于大型企业综合实力较强,很有可能利用其在行业中的优势地位,获取到更为稀缺和有价值的资源,进而增大自身的竞争优势。根据"优胜劣汰"的原则,小型企业在成熟园区中不仅很难充分利用外部资源、获得长足的发展,就连基本的生存都可能面临很大的威胁。此外,由于组织惯性等因素的限制,大型企业的技术创新能力不足,更需要通过与外界进行频繁的知识交互,以便及时跟进新技术进展,保持自身的竞争优势(Argyres et al., 2015)。在成熟园区中,各个行业的企业在同一地理空间内高度集聚,有利于大型企业近距离观察对手的情况,充分利用其他企业的知识外溢来提升自身创新能力。同时,大型企业可以更充分地利用上下游企业和科研机构的资源和技术,提升其知识生产效率(解柠羽,2011)。对于小型企业来说,在成熟园区中开展技术创新活动,被不同行业中的合作伙伴或竞争对手及时模仿的概率和风险会大大提升。小型企业不得不与掌握大量优质资源的其他大型企业在同质性商品市场上相互竞争,在这种情况下,小型企业进行技术革新的动力将会大幅下降,对于创新的投入会减少,知识生产效率随之降低。

对于小型企业来说,处于成熟度较低的园区更有利于其提升知识生产效率。在成立时间较短的园区中,其内部企业数量较少,服务机构和配套设施尚不健全,大部分企业之间尚未建立成熟、稳定的合作关系。尽管在这样的园区里,企业间有效的信息沟通机制尚未形成,却为小型企业的技术创新提供了良好的成长发展空间(Zakharova et al., 2015)。首先,新园区中的资源相对宽裕充足,小型企业能够享受到质优价廉的基础设施和社会服务,从而可以将有限的资源投入到新产品研发等相关活动中。在初建或成长期的园区当中,集群内企业信息网络、分工协作和资源共享的模式尚未明确,小型企业比较容易在合作网络中找到自己的位置,从中获取自身所需的要素和资源(朱建民 等,2015)。而且,新园区由于成立时间较短,尚未被僵化的园区管理体制所限制,通常会形成鼓励创新的文化氛围,非常有利于小型企业的成长。此外,由于集群内同行企业地理位置不够高度集中,彼此之间进行技术模仿、生产雷同产品的概率不高,同质企业竞争不够激烈,因而小型企业能够产生更大的动机去研发新产品,相信自己会从中得到相应的回报,而不必过于担心技术外溢的风险(Bathelt et al., 2004)。因此,比起成熟的园区,新园区能更好地激励小型企业开展技术创新活动,以提升其知识生产过程的效率。

综上所述,本书在假设7的基础上进一步提出,企业所在园区成熟度对不同规模企业的知识生产效率有显著的影响,因此提出研究假设7a。

假设 7a：当企业所在园区成熟度较高时，企业规模与企业知识生产效率之间的负向关系更弱。

对于大型企业来说，处于成熟度较低的园区更利于其知识商业化效率的提升。如果大型企业处在较为成熟园区中，其更倾向于利用自身资源优势展开价格战，在激烈的产品竞争环境中占有一席之地，进而不断扩大生产规模，从而获取高额利润。然而，由于集群内的资源（知识、信息、技能等）等日益集中，更多投入到主导产品的生产之中，从而使大型企业失去对市场的灵活反应（Arora et al.，1990）。长远看来，这些大型企业进行新产品商业化的效率降低，逐步走向衰退。但是，如果大型企业处在新园区当中，可以感受到园区内充满活力的文化氛围，不断拓展和丰富自己的产品线，进而提升其市场占有率。同时，很多新园区中大型企业的数量较少，在产品市场中面临的竞争压力相对较小，从而有充裕的资源和精力来改进落后的生产流程，进一步提升企业商业化效率。

对于小型企业来说，处在成熟度较高的园区更利于其知识商业化效率的提升。首先，大部分小型企业成立时间较短，自身的新产品推广经验不足。在成熟的园区中，与新产品销售相关的辅助行业或实体资源都非常丰富（Rantisi，2002）。专业化培训的机构、供货商、产品制造商、销售渠道和客户等，有助于小型企业从中学习与产品商业化有关的知识和信息，进而克服市场壁垒，取得协作经济效益（徐金发等，2006）。其次，大部分小型企业自身的市场资源不足，在知识商业化过程中受到的限制较多，能够承担的风险也有限。成熟园区通常拥有较为完善的资金融通机制，能够帮助小型企业在资本市场上募集资金，用于新产品的生产和销售。同时，小型企业可以申请种类丰富的创业基金，用于开拓外部市场和分散自身风险。最后，在成熟园区内，有着较为完善的市场管理体制，可以进一步保障作为弱势群体的小型企业的权益（Chatterji et al.，2014）。

综上所述，本书在假设 7 的基础上进一步提出，企业所在园区生命周期对不同规模企业的知识商业化效率有显著的影响，因此提出研究假设 7b。

假设 7b：当企业所在园区成熟度较高时，企业规模与企业知识商业化效率之间的正向关系更弱。

3.5.2 企业所在园区行业聚集度对不同规模企业创新效率的影响

在以上对于企业规模与企业效率之间关系的分析中，本书主要探讨了企业所处园区成熟度对于不同规模企业的知识生产和知识商业化过程的影响。但在科技园区中企业的管理运营中，不仅园区建立的时间长短会对其内部企业有较为深远的影响，园区内部企业的行业分布特征和行业聚集程度也会影响企业之间进行知识共享和资源交互的方式，进而对企业创新效率产生作用。

关于产业集聚对企业技术创新活动的正面作用最早可以追溯到 Marshall 对于产业集聚的空间外部性的论述,他指出企业集聚在相互临近的地理空间,是为了实现效率的提升或成本的节约。根据他的理论,产业集聚的外部性主要从以下三个方面产生:在产品生产和市场拓展方面,产业集聚有利于同行业的企业之间共享生产设施、共同分担库存和运输成本,使产品获得具有市场竞争力的价格;在劳动力市场方面,产业集聚有利于对劳动力进行集中培训,并且吸引外部的高素质人才进入集群;在知识和信息的传递方面,产业集聚有利于企业及时跟进学习行业内部竞争对手的最新技术和生产方式,也有利于企业之间交流有关上下游供应或市场的最新信息。因此,产业集聚是提升行业竞争力的重要因素之一,是企业提高生产效率的重要基础。

在实证研究中,学者通常用某行业中某类指标排名靠前的几家企业合计数占据整个行业相应指标的比重来表示行业集中度,这一指标的数值越大,表明该行业具有越高的行业集中度。其中,赫芬达尔-赫希曼指数(Herfindahl-Hirschman index,HHI)是用来计算产业市场集中度的指标,侧重企业在市场份额方面的表现。该指数衡量了某个行业中各个企业收入或资产在行业总收入或总资产中所占百分比的平方和(Djolov,2013;Rhoades,1993)。在本书中,借鉴赫芬达尔-赫希曼指数,运用公式计算了每个行业的企业数量在园区企业总数中占有份额的平方之和,即园区的行业分布指数,该指数可以反映园区是被某几个优势行业所主导,还是大部分行业均匀分布。同时,本书计算出了企业所属行业占该园区中所有行业的比重,用以衡量企业所属行业是否在园区中处于优势地位。通过将行业分布指数与企业所属行业占该园区中所有行业的比重相乘,得出了每一家企业的园区行业聚集度。

不同规模的企业具有各自的战略需求,因而与同行业的企业在进行信息、资源交换和联合生产时,会有完全不同的合作方式。特别是在不同行业聚集度的园区中,企业开展同行或跨行业合作创新的路径也不尽相同(Gallagher,2015)。而产业集聚虽然可以为企业节约成本、提高生产效率,但是当同一园区中的同行企业密度过高时,也会造成生产物资、劳动力等资源上的竞争,以及彼此的市场占有份额的抢夺。由于每个行业对于生产要素的需求多寡不同、产品市场的容量大小也不同,因而每个行业都具有各自最优的聚集规模。企业如果选择对于自身来说行业聚集度最适中的园区,则能够最大限度地提升行业间合作创新的效率。

综上所述,本书认为,企业所处园区行业聚集度对企业规模与效率之间的关系有显著的影响,因此提出研究假设 8。

假设 8:企业规模与企业效率之间的关系受到企业所在园区行业聚集度的调节。

本书认为,小型企业在行业聚集度高的园区中有利于提升其知识生产效率。首先,行业聚集度较高的园区有较为成熟的上下游供应商和较为完善的服务保障体系,小型企业用于产品生产和后期推广的成本较小,得以将有限的资源投入到其最为擅长的技术创新活动当中,并因此获得知识生产效率的提升(李元旭 等,2013)。其次,一个相对成熟稳定的行业环境,更有可能为相关领域的人才提供充足的发展机会和较好的就业前景,因而也能吸引大批高素质人才前往该园区。小型企业的技术创新基础较为薄弱,其知识生产过程有赖于各类人才带来的新知识与创新管理技能。再次,在行业聚集度较高的园区开展创新活动,小型企业可以与其他创新能力较强、对市场变化反应迅速的中小型企业建立紧密的合作关系,相互共享信息、知识和资源,以提升自身的创新能力。尽管其合作创新成果有被大型企业模仿的风险,但是小型企业之间协同创新效率的提升可以在一定程度上抵消知识外溢的损失。最后,Porter(1998)指出,企业周边同行企业的创新产出会增大企业所感知到的竞争压力。同时,小型企业的生存压力较大,且自身组织惯性较小,对外部市场和周边环境的反应较为敏锐,更容易在激烈的竞争氛围下投入更多的研发成本,以提升知识生产效率,保持自身竞争优势。

而大型企业在行业聚集度低的园区中,比较有利于提升其知识生产效率。大型企业自身的组织惯性较大,管理体制相对僵化,技术创新能力并不强,更多依赖外部资源来帮助其识别机会、跟进行业新技术和市场新需求,而不是依靠企业内部来主导突破性创新(Agrawal et al., 2014)。但是,在行业聚集度较低的园区中,大型企业很难通过直接模仿、技术并购等方式来获取同行企业的知识溢出,因而大型企业迫切需要加大内部研发投入、改进内部创新体制等手段来提升自身知识生产效率,以维持其在市场上的竞争优势。此外,如果大型企业处在行业聚集度较低的园区,其外部知识来源范围较广,可以与不同行业的企业共享知识和信息,利用其他企业多样化的知识背景来进行整合创新,不断激发技术创新灵感,丰富产品创新内涵。

综上所述,本书在假设8的基础上进一步提出,企业所处园区行业聚集度对不同规模企业的知识生产效率有显著的影响,因此提出研究假设8a。

假设8a:当企业所在园区行业聚集度较高时,企业规模与企业知识生产效率之间的负向关系更强。

本书认为,小型企业在行业聚集度较高的园区中,比较有利于提升知识商业化效率。这类园区中的同行企业相对密集,产生了较为专业的分工协作,而且企业之间在原材料选择、产品储存和运输方式上比较类似,可以共同分享关于上下游供应商的信息,共同分担产品商业化过程中的一系列成本(Azzam, 1997)。小型企业由于自身资源匮乏,正需要充分利用行业聚集的优势,大幅度降低原材料运输费用、劳动力和人才成本、新产品生产成本和产品库存费用等,进而节约其在产品生产和市场推广等环节中的支出,以提升知识商业化效率。

同时,在行业聚集度较高的园区中,小型企业所感知到的同行竞争较为激烈,生存压力较大。Shaver等人(2000)指出,行业聚集度高的区域,比较有利于"弱势"企业的效率提升。因为小型企业本身不具备资源上的优势，也尚未在市场上积累充足的营销渠道、人脉与经验等，因而只能通过不断改进生产工艺、提高生产流程中的效率，来降低其商业化过程中的成本，从而获取一定的价格优势。而且，在行业聚集度较高的园区中，大型企业已经具备了一定的市场认知度、品牌效应等，小型企业很难与其展开同质化产品的竞争，因而只有通过不断推出新产品，并将其迅速打入消费者市场的方式，才能在已经较为成熟的产品市场中占据一席之地。在上述过程中，小型企业的知识商业化效率也获得了很大的提升。

而大型企业在行业聚集度较低的园区，比较有利于提升知识商业化效率。在此类园区中，大型企业所处的行业不占据主导的优势地位，并且很难与同行企业产生集聚效应，因而无法通过规模化大生产的方式降低成本，获得具有市场竞争优势的产品价格。在这种情况下，大型企业有更大的动力去克服组织惰性，改善其生产工艺和流程，提升其知识商业化效率(Yang et al., 2018)。此外，许多大型企业通常已经能够生产出代表其行业最高水平的产品，当其长期处于高度同质化的产品市场环境中时，很难获得提升产品商业化价值的思路(Nieto et al., 2010)。而在行业聚集度较低的园区中，可以近距离观察具有多样化背景的企业，改善自身的产品设计思路和市场推广流程，以取得更高的知识商业化效率。

综上所述，本书在假设8的基础上进一步提出，企业所处园区行业聚集度对不同规模企业的知识商业化效率有显著的影响，因此提出研究假设8b。

假设8b：当企业所在园区行业聚集度较高时，企业规模与企业知识商业化效率之间的正向关系更弱。

3.6 本章小结

本章构建了"技术并购—联盟—园区"研究模型，探讨了企业规模与企业创新效率两者之间的关系，并对所涉及的三个层面进行了深入的剖析，提出了对应的研究假设。首先，探讨了企业规模与知识生产效率、知识商业化效率和综合效率这三种不同的企业效率之间的关系，其中包括比较规模对不同效率的影响的研究假设。其次，探讨了企业技术并购对企业规模与效率之间关系的调节作用；再次，探讨了企业所加入的联盟对企业规模和效率之间关系的调节作用，其中包括企业所加入联盟的级别(国家级联盟与区域级联盟)与联盟的类型(是否产学研联盟)的不同作用的研究假设。最后，探讨了企业所处园区特征对企业规模与效率之间关系的调节作用，其中包括企业所处园区的成熟度、企业所处园区的行业聚集度的影响作用的研究假设。对本章提出的研究假设的总结如表3.1所示，在之后的章节中将对上述假设进行实证检验。

表 3.1 本书的研究假设

研究假设	实证检验模型
假设1：企业规模与企业知识生产效率负相关	企业层面的回归模型，检验线性与非线性关系
假设2：企业规模与企业商业化效率正相关	
假设3：企业规模与综合效率呈倒U形关系	
假设4：企业规模与企业效率之间的关系受到企业所开展的投资并购活动的调节	企业层面的回归模型，包含动态数据，检验线性关系与调节作用
假设4a：当企业开展技术并购活动时，企业规模与企业知识生产效率之间的负向关系更弱	
假设4b：当企业开展技术并购活动时，企业规模与企业知识商业化效率之间的正向关系更弱	
假设5：企业加入的联盟级别会对企业规模与效率之间的关系起到调节作用	联盟层面的回归模型，包含动态数据，检验线性关系与调节作用
假设5a：当企业加入较多的国家级联盟时，企业规模与企业知识生产效率之间的负向关系更弱	
假设5b：当企业加入较多的国家级联盟时，企业规模与企业知识商业化效率之间的正向关系更弱	
假设5c：当企业加入较多的区域级联盟时，企业规模与企业知识生产效率之间的负向关系更弱	
假设5d：当企业加入较多的区域级联盟时，企业规模与企业知识商业化效率之间的正向关系更弱	
假设6：企业规模与企业效率之间的关系受到企业所加入的产学研联盟的调节	联盟层面的回归模型，包含动态数据，检验线性关系与调节作用
假设6a：当企业加入较多的产学研联盟时，企业规模与企业知识生产效率之间的负向关系更弱	
假设6b：当企业加入较多的产学研联盟时，企业规模与企业知识商业化效率之间的正向关系更弱	
假设7：企业规模与企业效率之间的关系受到企业所在园区成熟度的调节	园区层面的回归模型，包含动态数据，检验线性关系与调节作用
假设7a：当企业所在园区成熟度较高时，企业规模与企业知识生产效率之间的负向关系更弱	
假设7b：当企业所在园区成熟度较低时，企业规模与企业知识商业化效率之间的正向关系更弱	
假设8：企业规模与企业效率之间的关系受到企业所在园区行业聚集度的调节	园区层面的回归模型，包含动态数据，检验线性关系与调节作用
假设8a：当企业所在园区行业聚集度较高时，企业规模与企业知识生产效率之间的负向关系更强	
假设8b：当企业所在园区行业聚集度较高时，企业规模与企业知识商业化效率之间的正向关系更弱	

第4章 "技术并购—联盟—园区"研究模型的设计

4.1 数据来源与收集过程

中关村国家自主创新示范区（以下简称"中关村示范区"）起源于20世纪80年代初期在改革开放政策的鼓励下发展起来的中关村电子一条街。中关村示范区作为首个国家级自主创新示范区，其园区内部蓬勃发展的高新技术产业受到党中央和北京市委的不断扶持，已经成为中国创新发展的一面旗帜。从1994年4月起，经原国家科委（后更名为科技部）批准，中关村示范区进行了多次空间规模和布局的调整，从"一区三园""一区五园""一区七园"，逐步发展为"一区十园"和"一区十六园"的格局。之前已有研究证明了中关村示范区对于促进科技创新与区域发展的地位作用，然而这些研究忽视了对于中关村示范区内部的不同园区，如海淀园、丰台园、昌平园、朝阳园、西城园、大兴亦庄园、通州园、石景山园、东城园、门头沟园、房山园、顺义园、平谷园、怀柔园、密云园、延庆园等园区各自所处的地理位置不同，经历的历史沿革不同，园区内部的行业分布特点也不同。本书将通过细化分析，探究不同园区在促进其内部企业创新方面发挥的作用，填补已有文献在此方面的不足。

本书的样本为中关村示范区的企业2005—2015年间数据，园区内在本书周期内具有完整经营记录的全部企业都包含在内。经过初步的筛选和整理，其中有1 257家企业在本书所采用的变量维度上具有较为完整的信息，且在企业规模、所有制、行业类型等主要特征上与总样本的分布规律一致，因而成为本书的主要研究对象。研究样本包含各种所有制类型的企业，包括22.7%的国有企业和77.3%的非国有企业。同时，本书样本还包含了四种不同规模的企业类型，其中微型企业15.1%，小型企业55.2%，中型企业22.0%，大型企业7.6%，如表4.1所示。与其他抽样研究相比，本书的全样本数据可以避免选择性偏差，获得更详实、更准确、更有说服力的结果。

第4章 "技术并购—联盟—园区"研究模型的设计

表 4.1 样本企业基本情况统计

企业规模	企业数	百分比	累计百分比
微型	190	15.1%	15.1%
小型	694	55.2%	70.3%
中型	277	22.0%	92.4%
大型	96	7.6%	100%
合计	1 257		

本书主要通过以下两个不同渠道获取关于中关村示范区企业在基本企业信息、人力资本、研发投入、专利申请与授权、新产品收入、财务状况等方面的数据。

(1) 从中关村管理委员会获得了中关村示范区的企业2005—2015年间的年度统计报表,其中包含企业基本情况、人力资本、研发投入与产出状况等,本书通过这部分数据来衡量企业的知识生产效率与知识商业化效率。在对这些格式化的二手数据进行定量分析之前,本书在原始数据的基础上进行了大量的数据整合与清理工作。本书需要以2年为时滞,对每一家企业的知识生产效率(即研发投入与产出绩效)进行计算,以1年为时滞,对每一家企业的知识商业化效率(即新产品商业化效率)进行计算,因而从研发投入到经济产出的总过程为3年。本书以3年为一个总周期,筛选3年数据完整的企业,并将其录入到Excel和Matlab中,通过DEA模型进行效率计算。同时,本书将DEA模型的输出结果作为因变量,将企业和所处园区的其他相关信息作为自变量,录入Excel和统计分析软件Stata中,进行统计回归检验。

(2) 从财政部所设国家中小企业发展基金旗下"天眼查"网站(https://www.tianyancha.com/)、企业网站公示、企业年报等渠道获取中关村示范区企业的技术并购信息。

(3) 从中国产业技术创新战略联盟官方网站(http://www.citisa.org/)以及中关村国家自主创新示范区官方网站(http://zgcgw.beijing.gov.cn/)获取企业加入联盟信息。

(4) 本书根据2005—2015年间中关村示范区内的企业列表,从北京市企业信用网(http://qyxy.baic.gov.cn)上通过企业名称逐条进行搜索,获得所有企业的所有制类型、登记状态、经营场所、股东变化等信息。本书将其与从企业年报中获取的数据进行对比和匹配,从而完整地反映企业的发展状况,同时也对数据的质量进行重复检验,增强数据的可靠性。本书将从"企业信用网"获得的企业经营场所的信息,与从中关村管理委员会处获得中关村示范区的企业2005—2015年间的年度统计报表进行复核比对,以明确企业所处的地理位置及经营场所随着年份更迭的迁移变化,并通过企业地理位置确定其所处的具体园区。此后,将文本信息(园区名称)转化为适用于定量分析的数据编码形式,并将其录入到Excel以及统计分析软件Stata中。通过这个过程,本书得以了解不同园区的企业分布特点与演化过程,从而更加准确地捕捉各个园区对于企业的影响作用。

4.2 数据样本的描述性统计

本书中共包含了1 257家企业样本,这些企业分别来自制造业、建筑业、零售业、邮电业、服务业、农业等多个不同的行业,分布情况如图4.1所示。从图4.1中可以看到,64.4%的企业属于制造业,其次企业较为集中的行业是服务业,占到了29.9%,零售业占4.6%。箱形图也表明了样本的企业基本情况,除去相对少数的离群值,截至2015年,企业年龄多在10~20年,员工人数普遍少于200人。

在本书中,选用企业的组织机构代码作为编码依据,每一家企业都有独特的标识,避免重复的问题。据统计,在2005—2015年的时间跨度中,每4年为一个周期进行投入、产出效率的计算(投入到产出的总时滞为3年,包括2年的研发时滞和1年的商业化时滞),所以总共有8个计算周期。在1 257家企业中,仅有一个周期数据的企业为612家,有两个周期数据的企业为276家,有三个周期数据的企业为141家,有四个周期数据的企业为90家,有五个周期数据的企业为67家,有六个周期数据的企业为29家,有七个周期数据的企业为28家,有八个周期数据的企业为14家。考虑到样本中有些企业为新成立企业,还有一些企业在2005—2015年间停止经营或搬迁至其他园区,所以连续有六个周期以上数据的企业较少,符合现实中的情况。

实证模型变量的描述性统计如表4.2所示。从表4.2中可以看到,企业规模均值为2.316,标准差为0.806,反映出了中关村示范区中大部分企业为中小型企业的特点;在企业层面,每家企业平均参与技术并购的企业数在1~2家(1.49);在联盟层面,加入国家级联盟数平均为0.109,加入区域级联盟数平均为0.150;同时,样本中的企业最多加入4个不同的区域级联盟,最多加入8个国家级联盟;企业加入产学研联盟中的高校和科研机构数平均为0.887,产学研联盟中最多包含53个高校和科研机构;在园区层面,从园区成熟度来看,有58.9%的企业处于成熟园区,所占比重最大;38.8%的企业处于成长期园区,所占比重次之;园区的平均行业聚集度为0.499,而其标准差为0.08,说明不同园区之间的行业聚集度有较明显的差异。

在园区中,有35.1%的企业为国企,说明园区中非国有企业占据主导地位,同时国有企业也占有重要的市场地位;园区中企业平均得到的政府资助金额为2 503.676千元,其中受到政府支持最多的企业得到了831 344千元的资助,表明

第4章 "技术并购—联盟—园区"研究模型的设计

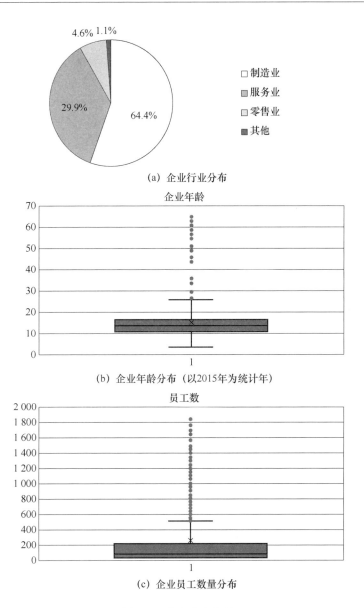

(a) 企业行业分布

(b) 企业年龄分布（以2015年为统计年）

(c) 企业员工数量分布

图 4.1 基本信息统计

政府对于科技园区中的企业帮扶力度很大,努力促进园区中企业的成长;园区企业平均年龄为12.302,标准差为8.737,年龄最大的企业成立时间为65年,这与科技型企业平均年龄较小的特征相吻合;园区中,64.4%的企业所在行业为制造业,所占比重最大;29.9%的企业所处行业为服务业,所占比重次之;企业平均申请专利数为19.732项,其中12.494项为发明专利,体现了园区中企业较高的创新能力;企业申请专利数的标准差为98.744,其中发明专利的标准差为70.636,说明不同企业之间的技术能力差异较大;技术能力最强的企业申请了2 986项专利,其中2 441项为发明专利;企业的平均产品销售额为383 442千元,其中平均新产品销售额为270 034.4千元,占总产品销售额的70%以上,表明在科技园区中企业的销售增长主要依靠新产品的研发。

表 4.2　模型变量的描述性统计

变量	均值	标准差	最小值	最大值
企业规模	2.316	0.806	1	4
技术并购	1.490	5.950	0	42
成熟期园区	0.589	0.492	0	1
成长期园区	0.388	0.487	0	1
园区行业聚集度	0.499	0.080	0	1
产学研联盟	0.887	3.967	0	53
加入国家级联盟数	0.109	0.523	0	8
加入区域级联盟数	0.150	0.523	0	4
所有制	0.351	0.477	0	1
政府资助(千元)	2 503.676	21 886.56	0	831 344
企业年龄	12.302	8.737	3	65
服务业	0.299	0.458	0	1
制造业	0.644	0.478	0	1
邮电业	0.003	0.056	0	1
零售业	0.046	0.209	0	1
研发人员数(第1年)	71.328	229.899	0	7 414
研发投入(第1年)	18 027.88	71 229.2	0	1 417 100
员工数(第1年)	347.158	1 061.911	1	27 930
年收入额(第1年)	402 359.7	196 5684	0.04	53 244 157
年盈利额(第1年)	30 973.89	119 306.2	−1 659 893	1 807 508
申请专利数(第3年)	19.732	98.744	1	2 986
申请发明专利数(第3年)	12.494	70.636	1	2 441
产品销售额(第4年)	383 442	1 472 209	0	31 178 694
新产品销售额(第4年)	270 034.4	995 850.5	0	20 272 801
企业知识生产效率	0.478 079	0.240 669	0.000 367 7	1
企业知识商业化效率	0.421 111	0.173 725	0.000 035 7	1
企业综合效率	0.431 446	0.183 218	0.000 066 3	1

4.3 模型变量相关性分析

本章实证模型变量的相关系数如表4.3所示。变量之间的相关系数表明,企业规模与知识生产效率的相关系数为负,企业规模与知识商业化效率的相关系数为正,企业规模与综合效率的相关系数为正。在控制变量方面,所有制、政府资金支持和企业年龄均与企业知识生产效率之间有负相关系数,而与知识商业化效率和综合效率之间有正相关系数。国家级联盟、产学研联盟与三种效率之间都有着正相关关系,区域级联盟与企业知识生产效率之间有负相关系数,而与知识商业化效率和综合效率之间有正相关系数。这说明产学研联盟和国家级联盟比较有利于企业开展技术创新活动,而所有类型的联盟都有利于企业进行创新产品的推广。成熟期园区与企业知识生产效率之间有正相关系数,与知识商业化效率和综合效率之间有负相关系数,而成长期园区恰好相反。这说明成熟期园区比较有利于企业开展技术创新活动,而成长期园区比较有利于企业进行创新产品的推广。园区内部的行业聚集度与知识生产效率的关系为正,与知识商业化效率和综合效率的关系为负,说明行业聚集度越高,越有利于企业进行知识流动与技术创新,却不利于企业在激烈的同质竞争中推广新产品。

4.4 实证研究模型的选取

根据本书总结提炼出的理论模型,拟通过实证分析检验的主要包含企业、联盟、园区三个层面,共涉及四个不同方面的研究假设,因此也需要分别选择合适的实证分析方法与模型对相应的问题进行探究。

第一,关于企业规模与企业效率之间的关系,本书分别建立不同的回归模型,分析企业规模与企业知识生产效率、知识商业化效率之间的线性关系,以及分析企业规模与企业综合效率之间的非线性关系。

第二,关于企业自身的技术并购对企业效率的作用,本书主要涉及企业开展技术并购行为对其知识生产效率和知识商业化效率的影响。因此,首先建立企业层面的回归模型,分析企业规模对于不同种类的企业效率的作用,并且在回归模型的基础上加入企业技术并购这个调节变量,将其对于企业规模与效率之间关系的调节作用进行比较分析,探讨企业技术并购对于提升科技园区中企业创新能力的重要意义。

表 4.3　企业效率模型变量的相关系数

变量	1	2	3	4	5	6	7	8	9	10	11	12	13	14	15	16	17	18
1 企业规模	1.000																	
2 企业技术并购	0.534	1.000																
3 成熟期园区	−0.087	0.001	1.000															
4 成长期园区	0.082	−0.009	−0.956	1.000														
5 园区行业聚集度	0.018	−0.003	−0.048	0.042	1.000													
6 国家级联盟	0.268	0.277	0.101	−0.106	0.039	1.000												
7 区域级联盟	0.238	0.195	0.032	−0.026	−0.011	0.212	1.000											
8 产学研联盟	0.138	0.188	0.071	−0.068	0.006	0.219	0.331	1.000										
9 所有制	0.499	0.313	−0.042	0.036	−0.014	0.229	0.202	0.123	1.000									
10 政府资金支持	0.355	0.218	−0.018	0.003	−0.062	0.168	0.165	0.131	0.216	1.000								
11 企业年龄	0.367	0.288	−0.106	0.106	−0.078	0.092	0.124	0.016	0.220	0.286	1.000							
12 服务业	0.050	0.019	0.201	−0.183	0.711	0.097	−0.003	0.011	−0.076	−0.021	−0.024	1.000						
13 制造业	0.006	0.003	−0.219	0.198	−0.546	−0.076	0.004	0.009	0.133	0.052	0.044	−0.880	1.000					
14 邮电业	0.001	−0.009	0.022	−0.020	−0.077	0.099	0.118	0.016	0.011	−0.015	−0.022	−0.037	−0.077	1.000				
15 零售业	−0.157	−0.056	0.066	−0.061	−0.243	−0.055	−0.035	−0.049	−0.128	−0.085	−0.098	−0.143	−0.295	−0.013	1.000			
16 知识生产效率	−0.280	−0.092	0.058	−0.061	0.070	0.010	−0.032	0.016	−0.141	−0.003	−0.124	0.128	−0.169	0.008	0.109	1.000		
17 知识商业化效率	0.294	0.140	−0.113	0.102	−0.131	0.103	0.061	0.016	0.223	0.091	0.118	−0.167	0.178	0.085	−0.080		1.000	
18 综合效率	0.102	0.049	−0.092	0.083	−0.101	0.097	0.049	0.040	0.145	0.026	0.024	−0.127	0.128	0.118	−0.057			1.000

第三,关于企业所加入的联盟类型对企业效率的作用,本书分两部分进行检验。本书根据对科技园区中企业加入联盟的特征,从不同级别的联盟(国家级联盟、区域级联盟)、不同类型的联盟(是否是由高校、研究所等研究机构和企业构成的产学研联盟)这两个维度,分析了联盟对于企业知识生产效率和知识商业化效率的影响。首先,建立联盟层面的回归模型,分析和比较了企业所加入的联盟级别与联盟类型对企业效率影响的差异;然后,对企业规模与联盟之间的相互作用进行了深入探讨,这一部分用到了企业效率相关的动态面板数据。

第四,关于企业所在园区特征的作用,本书分两部分进行检验。首先,根据科技园区最本质、最直观的特点——园区成熟度,将中关村示范区按照成立时间分为形成期、成长期、成熟期三类,建立园区层面的回归模型,分析企业所处园区成熟度对企业规模与效率之间关系的调节作用。然后,进一步细化对园区类型的划分,由园区行业分布指数以及企业所处行业占该园区行业的比例,计算出园区的行业聚集度,建立园区层面的回归模型,探讨园区行业聚集度对企业规模和企业效率之间线性关系的调节作用。

4.5 本章小结

本章介绍了对前面所建立的理论模型与提出的假设进行逐一检验的实证研究的设计。首先,本章介绍了研究的数据来源与收集过程,包括从中关村管理委员会获取的年度统计报表,从北京市企业信用网、财政部所设国家中小企业发展基金旗下"天眼查"网站、中国产业技术创新战略联盟官方网站、企业网站等获取的企业信息。通过对这些数据样本进行描述性统计和相关性分析,本章分析了中关村示范区的企业整体概况。然后,本章结合实证分析部分拟检验的研究假设,对于不同假设对应的实证研究模型的选取分别进行了说明。

第5章 企业规模与企业效率之间的关系研究

5.1 研究设计

在对企业规模与企业效率之间关系的探索中,本书从企业知识生产效率、知识商业化效率与综合效率这三个方面来对企业创新效率进行衡量。同时,本章将企业所有制、企业年龄、企业所属行业、政府资金支持、企业技术并购、企业加入联盟类型、企业所处园区特征等变量都作为控制变量加入了回归模型中。为了更加准确地反映样本企业的效率变化,本书利用从多个渠道获得的相关数据建立了非平衡面板数据模型,对科技园区中的企业效率进行持续的测量。本章的实证研究用到的数据为将企业自身信息与企业内外部资源获取等方面的信息成功匹配的样本企业数据,包含1 257家企业2005—2015年的企业研发投入、企业申请和授权的专利数量、新产品销售额等数据信息。

5.1.1 自变量

本章主要关注科技园区企业的规模,企业规模被分为大、中、小、微四种类型,微型企业取值为1,小型企业取值为2,中型企业取值为3,大型企业取值为4。具体划分标准参照工业和信息化部、发展和改革委员会、财政部讨论制定并于2011年出台的《中小企业划型标准规定》和国家统计局印发制定的《统计上大中小微型企业划分办法》,将企业的员工数、年收入、总资产等指标作为企业规模划分的标准,同时考虑到了不同行业的特点。

5.1.2 因变量

本章采用的DEA方法在处理多输出—多输入的有效性评价方面具有很大的优势,与之前研究中通常用专利、新产品销售额等绝对指标进行企业创新绩效评价的方式不同,DEA方法能够对企业创新投入与产出的比例进行精确衡量,还能够将企业效率与样本数据中其他企业的相对效率高低进行比较,从而对企业创新过程的效率进行更客观的评价。根据已有学者的研究,可以将创新过程分为知识生产过程和知识商业化过程(Furman et al.,2002;Moon et al.,2005)。对于企业知识生产效率与知识商业化效率,本书在进行DEA模型的输入、输出指标选择时,借鉴国内外文献在企业创新绩效衡量中所使用的指标(Guan et al.,2012),对于知识生产过程、知识商业化过程两阶段选取的指标如下。

1. 第一阶段(知识生产过程)

输入指标包括以下几个。

X_1——研发经费:指企业在测量周期的第一年中用于进行新产品研发的经费数额,它衡量了企业对于技术创新的经费投入。之所以选择研发经费作为第一阶段的投入指标,是因为在知识生产阶段,需要企业内部大量资金的支持。

X_2——研发人员数量:是指企业在测量周期的第一年中从事研究开发工作的技术人员数量,它反映了企业在技术创新方面所进行的人力资源投入。已有学者的研究表明,在资金之外,还需要大量的人力投入,来协助完成产品创新的过程(Furman et al.,2002)。

输出指标包括以下几个。

Y_1——专利申请数:是指企业在测量周期的第三年中申请的专利数量,代表了企业在这两年间技术创新的能力。

Y_2——发明专利授权数:是指企业在测量周期的第三年中获得授权的专利数量,代表了企业在这两年间技术创新的绩效。

2. 第二阶段(知识商业化过程)

输入指标包括以下几个。

(1) 企业创新活动的成果投入。

Y_1——专利申请数:是指企业在测量周期的第三年中申请的专利数量,代表了企业对于新产品商业化过程的技术投入。由于企业要将开发成熟的技术用于新产品的生产与推广,因而可以将已经进行专利申请的研发成果作为知识商业化阶段的投入。

Y_2——发明专利授权数:是指企业在测量周期的第三年中获得授权的专利数量,代表了企业对于新产品商业化过程的技术投入。由于企业要将获得专利的技术用于新产品的生产与推广,因而可以将已经获得授权的研发成果作为知识商业化阶段的投入。

(2) 企业产品商业化投入。

X_3——知识商业化资金投入:是指企业在测量周期的第三年中用于新产品生产、销售等商业化活动的经费投入。通过企业当年总收入减去利润,减去经营开支（如人员薪资、新增固定资产、负债偿还、税费等），再减去新产品研发投入计算得出。

X4——知识商业化人员投入：是指企业在测量周期的第三年中从事新产品生产、市场推广等相关工作的人员数量，它反映了企业在新产品商业化相关方面所进行的人力资源投入。通过总员工数减去技术类人员数量，再减去其他非商业化相关岗位人员数量计算得出。

输出指标包括以下几个。

Z1——新产品销售额：指企业在测量周期中第四年的新产品销售额，它体现了企业从技术创新与产品研发活动中取得的经济效益。

Z2——销售收入：指企业在测量周期中第四年的总体销售收入，这是从财务角度衡量企业技术创新绩效的一个指标，它反映了企业开展创新活动对于提升企业总效益的作用。

3. 整体过程（企业综合效率）

输入指标包括以下几个。

X1——研发经费：指企业在测量周期的第一年中用于进行新产品研发的经费数额，它衡量了企业对于技术创新的经费投入。

X2——研发人员数量：是指企业在测量周期的第一年中从事研究开发工作的技术人员数量，它反映了企业在技术创新方面所进行的人力资源投入。

X3——知识商业化资金投入：是指企业在测量周期的第三年中用于新产品生产、销售等商业化活动的经费投入。通过企业当年总收入减去利润，减去经营开支（如人员薪资、新增固定资产、负债偿还、税费等），再减去新产品研发投入计算得出。

X4——知识商业化人员投入：是指企业在测量周期的第三年中从事新产品生产、市场推广等相关工作的人员数量，它反映了企业在新产品商业化相关方面所进行的人力资源投入。通过总员工数减去技术类人员数量，再减去其他非商业化相关岗位人员数量计算得出。

输出指标包括以下几个。

Z1——新产品销售额：指企业在测量周期中第四年的新产品销售额，它体现了企业从技术创新与产品研发活动中取得的经济效益。

Z2——销售收入：指企业在测量周期中第四年的总体销售收入，这是从财务角度衡量企业技术创新绩效的一个指标，它反映了企业开展创新活动对于提升企业总效益的作用。

图 5.1 所示为企业知识生产与知识商业化流程。

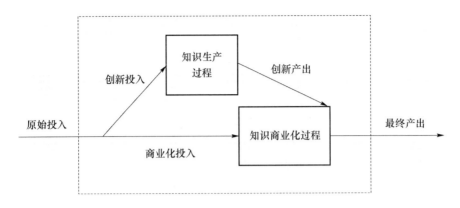

图 5.1　企业知识生产与知识商业化流程

5.1.3 控制变量

本书也加入了一些可能影响企业效率的控制变量。

企业的所有制类型：所有制通常会对企业运营模式和效率有较大的影响，本书加入变量"所有制"，当企业为国有制时取值为 1，否则为 0，并将代表所有制的虚拟变量加入实证模型中。

所属行业：样本企业分别来自服务业、制造业、邮电业、零售业等多个不同的行业大类，处于不同行业的企业在资源特征、创新能力等方面具有很大的区别，因而需要对其加以控制。本书建立了四个虚拟变量来反映行业固定效应，以避免多重共线性的问题。

企业年龄：企业年龄会对其内部组织结构、拥有经验多寡产生影响。通常来说，企业年龄较大的企业积累了更多的市场资源与业务经验。因此本书将用当前年份减去企业成立的年份作为变量控制企业年龄。

政府资金支持：企业是否受到政府资金支持也会影响企业与创新相关的战略决策，进而对其效率产生影响，因此本书构建了一个虚拟变量对其进行控制，当企业受到资助时取值为 1，否则为 0。

企业技术并购：由于企业的技术并购行为会促进企业对外部知识的吸收与转化，进而对其创新过程产生影响，因此本书加入了企业每年在技术并购活动中投资或收购的其他企业数量作为控制变量。

国家级联盟：由于企业在加入国家级联盟之后，可以与不同城市的联盟伙伴进行多样化知识分享与异质性资源交换，进而影响创新过程的效率，因而将国家级联盟作为控制变量加入模型中。通过从中国产业技术创新战略联盟官方网站、新闻公告和企业网站中获取企业加入国家级联盟的信息，包括国家集成电路设计产业技术创新战略联盟、国家玉米产业技术创新战略联盟、数字视频产业技术创新战略联盟等,本书获取了企业每年加入的国家级联盟数量,这些联盟成员大都来自全国不同城市的同一产业。

区域级联盟:由于企业加入区域级联盟之后可以与同一区域的联盟伙伴频繁进行深入交流,从而促进对知识的消化吸收、对资源的充分利用,进而影响创新过程的效率,因此将国家级联盟作为控制变量加入模型中。区域级联盟中的企业主要位于北京及其周边地区,且同处于一种行业或产业之中。通过从中关村国家自主创新示范区官方网站中获取企业加入区域级联盟的信息,包括中关村储能产业技术联盟、中关村智联软件服务联盟、北京安防视音频编解码技术(SVAC)产业联盟等,本书获取了企业每年加入的区域级联盟数量。

产学研联盟:由于企业加入产学研联盟的主要目标是从高校、科研机构等联盟伙伴中获取最新研发的技术成果,进而提升创新过程的效率,因而将产学研联盟作为控制变量加入模型中。首先从中国产业技术创新战略联盟官方网站、中关村国家自主创新示范区官方网站及公司网站公示等渠道获取企业加入联盟信息,并通过联盟成员组成信息判断,将包含高校和研究机构,如清华大学、北京大学、北京航空航天大学、中国科学院半导体研究所、中国建筑设计研究院等的联盟划分为产学研联盟。然后计算每家企业每年加入的产学研联盟中高校、科研机构的数量,将其作为衡量企业从产学研联盟中获得与创新相关的知识深度与广度的指标(Sampson,2007)。

园区成熟度:本书用到的中关村样本企业分别处于形成期、成长期和成熟期这三类不同的科技园区中,处于不同生命周期的园区在企业密集度、制度环境等方面都具有各自的特点,因此构建虚拟变量,将形成期的科技园区作为默认组,将其余两个时期的园区作为控制变量加入实证模型中,以避免多重共线性的问题。

园区行业聚集度:由于企业所处园区的行业聚集度会影响企业开展同行或跨行业合作创新的路径,进而影响创新过程的效率,因此将园区行业聚集度作为控制变量加入模型中。在计算企业所属行业在其所处园区中的密集度时,本书借鉴了测量产业集中度的 HHI(即赫芬达尔-赫希曼指数),并在该指数的具体计算内容上进行了改进。公式考虑到了中关村示范区中的所有园区,假设园区总数为 i,用 X_i 表示第 i 个园区中的企业总数,用 X_{ij} 表示第 i 个园区中第 j 个行业的企业总数,用 m 表示园区中的行业总数。公式计算了每个行业的企业数量在园区企业总数中占有份额的平方之和,用以刻画该园区的行业分布集中程度。同时,本书计算出了企业所属行业占该园区中所有行业的比重,用以衡量企业所属行业是否在园区中处于优势地位。通过将该行业分布指数与企业所属行业占该园区中所有行业的比重相乘,本书计算得出了每一家企业的园区行业聚集度,具体计算公式如下:

$$\frac{X_{ij}}{X_i} \sum_{j=1}^{m} \left(\frac{X_{ij}}{X_i}\right)^2 \tag{5.1}$$

从式(5.1)中可以看出,该指数越大,表示某些优势行业在园区中所占比重越高,垄断程度越高。而如果某些行业在园区中占比较高,说明企业可以与园区中密集存在的同行企业进行知识交流与资源共享,与此同时,该企业也面临着较为激烈的同质性市场竞争。如果园区行业聚集度较高,表明企业处于一个被少数行业占有主导垄断地位的园区,且企业自身属于该优势行业;园区行业聚集度较低,表明企业处于一个多种行业平等竞争的园区环境中,且企业自身属于园区中并不占主导地位的行业。

5.2 研 究 结 果

本书分别探讨了企业规模对企业知识生产效率、知识商业化效率以及企业综合效率的影响,对应的回归模型如表5.1、表5.2和表5.3所示。

如表5.1所示,本书在进行实证检验时将自变量加入回归模型中:Xtreg 模型中的自变量为企业规模,检验的是与因变量企业知识生产效率之间的线性关系;Xttobit 模型中的自变量依然为企业规模,同样检验了其对因变量企业知识生产效率的影响。从以上这两个模型的回归结果中可以发现,企业规模的系数无论是在Xtreg 模型中还是在 Xttobit 模型中都为负,且在1%的水平下显著($\beta=-0.131$;$\beta=-0.130$),表明企业规模对企业知识生产效率有负向的影响。企业技术并购的系数在两个模型中都为正,且都在1%的显著性水平下显著($\beta=0.060$;$\beta=0.059$),说明企业开展越多的技术并购,其知识生产效率越高;企业加入区域级联盟的系数在两个模型中都为正,且都在1%的显著性水平下显著($\beta=0.032$;$\beta=0.031$),表明企业加入越多的区域级联盟,其知识生产效率越高;产学研联盟的系数都为正,但是不显著;企业年龄的系数都为负,且都在1%的显著性水平下显著($\beta=-0.019$;$\beta=-0.019$),表明年龄越大的企业在一定程度上有更低的知识生产效率;所有制的系数在两个模型中都为正,但是不显著;政府资金支持在两个模型中都在5%的显著性水平下显著($p=0.003$;$p=0.004$),表明受到政府资助的企业在一定程度上有更高的知识生产效率;企业所处的园区成熟度、园区行业聚集度、企业所加入的国家级联盟、产学研联盟以及反映企业所属行业类型的控制变量系数在以上模型中大部分都不显著。控制变量的回归结果在两个模型中较为一致,且回归系数的大小也比较接近,表明回归检验的稳健性较好。Xtreg 模型总体的解释力(R^2)在12.34%左右。

表5.1 企业规模对企业知识生产效率作用模型的回归结果

	企业知识生产效率	
	Xtreg fe	Xttobit
所有制	0.016	0.016
	(0.010)	(0.010)
政府资金支持	0.003**	0.004**
	(0.002)	(0.002)
企业年龄	−0.019***	−0.019***
	(0.005)	(0.005)
服务业	0.003	0.005
	(0.054)	(0.054)
制造业	−0.091*	−0.090*
	(0.052)	(0.052)
邮电业	−0.031	−0.032
	(0.090)	(0.090)
零售业	0.015	0.015
	(0.055)	(0.055)
技术并购	0.060***	0.059***
	(0.015)	(0.014)
成熟期园区	−0.017	−0.018
	(0.030)	(0.029)
成长期园区	−0.013	−0.014
	(0.029)	(0.029)
行业聚集度	−0.013	−0.016
	(0.048)	(0.048)
区域级联盟	0.032***	0.031***
	(0.008)	(0.008)
国家级联盟	0.008	0.008
	(0.007)	(0.007)
产学研联盟	0.017	0.017
	(0.012)	(0.011)
企业规模	−0.131***	−0.130***
	(0.009)	(0.009)

续 表

	企业知识生产效率	
	Xtreg fe	Xttobit
常数项	0.844***	0.840***
	(0.062)	(0.065)
N	2 749	2 749
R^2	0.123 4	
Chi^2		472.36

注:1. *表示 p 值<0.1,**表示 p 值<0.05,***表示 p 值<0.01。

2. 括号中的数值均为稳健标准差,以消除异方差或自相关问题的可能影响。

3. 根据 Hausman 检验的结果,采用固定效应模型。

如表 5.2 所示,本书在进行实证检验时将自变量加入回归模型中:Xtreg 模型中的自变量为企业规模,检验的是与因变量企业知识商业化效率之间的线性关系;Xttobit 模型中的自变量依然为企业规模,同样检验了其对因变量企业知识商业化效率的影响。从以上这两个模型的回归结果中可以发现,企业规模的系数无论是在 Xtreg 模型中还是在 Xttobit 模型中都为正,且在 1% 的水平下显著($\beta=0.073$;$\beta=0.073$),表明企业规模对企业知识商业化效率有正向的影响。企业技术并购的系数在两个模型中都为负,且都在 1% 的显著性水平下显著($\beta=-0.047$;$\beta=-0.047$),说明企业开展越多的技术并购,其知识商业化效率越低;企业加入区域级联盟的系数在两个模型中都为正,且都在 1% 的显著性水平下显著($\beta=0.014$;$\beta=0.015$),说明企业加入区域级联盟越多,企业知识商业化效率越高;国家级联盟和产学研联盟的系数都为负,但是不显著;园区行业聚集度的系数都为负,且分别在 1% 和 5% 的显著性水平下显著($\beta=-0.069$;$\beta=-0.068$),表明所处行业聚集度较高园区的企业有更低的知识商业化效率;所有制的系数在两个模型中都为正($\beta=0.031$;$\beta=0.031$),且在 1% 的显著性水平下显著,说明国有企业能够取得更高的知识商业化效率;政府资金支持在两个模型中都为负,但是不显著,表明政府资助对于提升企业知识商业化效率影响不大;企业所属的某些行业在两个模型中都显著,如服务业的系数显著为负而邮电业的系数显著为正;企业所处的园区成熟度、企业所加入的产学研联盟和国家级联盟,以及企业年龄等控制变量系数在以上模型中大部分都不显著。控制变量的回归结果在两个模型中较为一致,且回归系数的大小也比较接近,表明回归检验的稳健性较好。Xtreg 模型总体的解释力(R^2)在 14.58% 左右。

表 5.2 企业规模对企业知识商业化效率作用模型的回归结果

	企业知识商业化效率	
	Xtreg re	Xttobit
所有制	0.031***	0.031***
	(0.008)	(0.008)
政府资金支持	−0.002	−0.002
	(0.001)	(0.001)
企业年龄	0.001	0.001
	(0.004)	(0.004)
服务业	−0.069*	−0.070*
	(0.040)	(0.040)
制造业	−0.017	−0.018
	(0.038)	(0.038)
邮电业	0.200***	0.200***
	(0.067)	(0.066)
零售业	−0.061	−0.061
	(0.041)	(0.040)
技术并购	−0.047***	−0.047***
	(0.011)	(0.011)
成熟期园区	−0.041*	−0.041*
	(0.022)	(0.022)
成长期园区	−0.019	−0.019
	(0.022)	(0.021)
行业聚集度	−0.069**	−0.068*
	(0.035)	(0.035)
区域级联盟	0.014**	0.015**
	(0.006)	(0.006)
国家级联盟	−0.007	−0.007
	(0.005)	(0.005)
产学研联盟	−0.008	−0.008
	(0.008)	(0.008)
企业规模	0.073***	0.073***
	(0.006)	(0.006)

续表

	企业知识商业化效率	
	Xtreg re	Xttobit
常数项	0.334***	0.335***
	(0.046)	(0.046)
N	2 749	2 749
R^2	0.145 8	
Chi^2	466.64	436.49

注：1. *表示 p 值<0.1，**表示 p 值<0.05，***表示 p 值<0.01。
2. 括号中的数值均为稳健标准差，以消除异方差或自相关问题的可能影响。
3. 根据 Hausman 检验的结果，采用随机效应模型。

如表5.3所示，在进行实证检验时将企业规模的平方项作为自变量加入新的回归模型中：Xtreg 模型中的自变量为企业规模的平方，检验的是与因变量企业综合效率之间的非线性关系；Xttobit 模型中的自变量也是企业规模的平方，检验的也是与因变量企业综合效率之间的非线性关系。从以上这两个模型的回归结果中可以发现，企业规模的平方的系数在 Xtreg 模型中为负（$\beta=-0.009$），且在5%的水平下显著；企业规模的平方的系数在 Xttobit 模型中也为负（$\beta=-0.008$），且在10%的水平下显著。这表明企业规模与企业综合效率之间呈倒 U 形关系，小型、中型企业在提升综合效率方面比微型或大型企业具有更大的优势。企业开展技术并购的系数在两个模型中都为负，且都在5%的显著性水平下显著（$\beta=-0.027$；$\beta=-0.025$）；企业所处的成熟期园区在两个模型中都在10%的显著性水平下显著为负（$\beta=-0.045$；$\beta=-0.040$），而成长期园区则不显著，说明处在成熟园区中不利于企业综合效率的提升；企业所在园区行业聚集度的系数都为负，且分别在5%和10%的显著性水平下显著（$\beta=-0.085$；$\beta=-0.065$），因而行业聚集度较高的园区不利于企业综合效率的提升。企业加入的区域级联盟的系数都为正，且都在1%的显著性水平下显著（$\beta=0.026$；$\beta=0.027$），说明加入较多区域级联盟有利于企业综合效率的提升。所有制的系数在两个模型中都为正（$\beta=0.042$；$\beta=0.041$），且都在1%的显著性水平下显著，说明国有企业能够取得更高的综合效率；政府资金支持在两个模型中都为负，但只在 Xttobit 模型中在5%的显著性水平下显著（$\beta=-0.003$）；企业年龄的系数都为负（$\beta=-0.006$；$\beta=-0.008$），但只在 Xttobit 模型中在10%的显著性水平下显著，表明企业年龄越小，综合效率越高，但是整体影响并不是很明显；而企业所处的某些行业对模型有显著的影响，如服务业的系数显著为负（$\beta=-0.080$；$\beta=-0.086$），邮电业的系数显著为正（$\beta=0.268$；$\beta=0.267$），零售业的系数显著为负（$\beta=-0.092$；$\beta=-0.091$）。控制变量的回归结果在两个模型中较为一致，且回归系数的大小也比较接近，表明回归检验的稳健性较好。整体来看,这两个模型的 Wald Chi² 值都非常显著,说明具有较好的拟合程度,Xtreg 模型总体的解释力(R^2)在 6.8% 左右。

表 5.3　企业规模对企业综合效率作用模型的回归结果

	企业综合效率	
	Xtreg re	Xttobit
所有制	0.042***	0.041***
	(0.008)	(0.008)
政府资金支持	−0.001	−0.003**
	(0.001)	(0.001)
企业年龄	−0.006	−0.008*
	(0.004)	(0.004)
服务业	−0.080*	−0.086**
	(0.044)	(0.043)
制造业	−0.052	−0.056
	(0.042)	(0.042)
邮电业	0.268***	0.267***
	(0.073)	(0.073)
零售业	−0.092**	−0.091**
	(0.045)	(0.044)
技术并购	−0.027**	−0.025**
	(0.012)	(0.012)
成熟期园区	−0.045*	−0.040*
	(0.024)	(0.024)
成长期园区	−0.015	−0.012
	(0.024)	(0.023)
行业聚集度	−0.085**	−0.065*
	(0.038)	(0.038)
区域级联盟	0.026***	0.027***
	(0.007)	(0.007)
国家级联盟	−0.001	0.001
	(0.006)	(0.006)
产学研联盟	0.008	0.006
	(0.009)	(0.009)

续 表

	企业综合效率	
	Xtreg re	Xttobit
企业规模	0.022***	0.019***
	(0.007)	(0.007)
企业规模^2	−0.009**	−0.008*
	(0.004)	−0.004
常数项	0.493***	0.501***
	(0.051)	(0.051)
N	2 749	2 749
R^2	0.068	
Chi^2	199.36	184.66

注：1. *表示 p 值<0.1，**表示 p 值<0.05，***表示 p 值<0.01。

2. 括号中的数值均为稳健标准差，以消除异方差或自相关问题的可能影响。

3. 根据 Hausman 检验的结果，采用随机效应模型。

依据以上回归模型的结果，本书画出了企业规模与三种不同效率之间的作用关系图。如图 5.2 所示，企业规模与企业知识生产效率有显著的负相关关系；如图 5.3 所示，企业规模与企业知识商业化效率有显著的正相关关系；如图 5.4 所示，企业规模与企业综合效率有显著的倒 U 形关系。

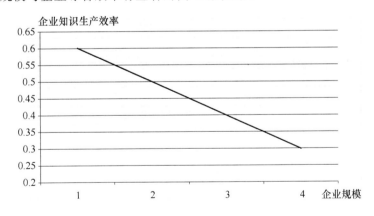

图 5.2 企业规模对企业知识生产效率的作用

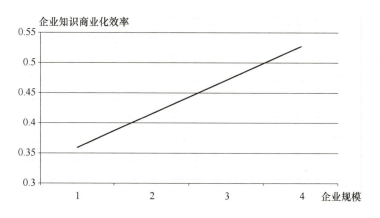

图 5.3　企业规模对企业知识商业化效率的作用

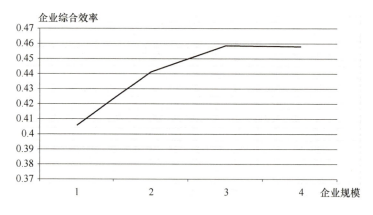

图 5.4　企业规模对企业综合效率的作用

5.3　本章小结

本章对科技园区中企业规模对企业效率的影响进行了实证检验,得出了以下结论。

（1）企业规模对不同类型的企业效率影响存在一定的差异。从表 5.2 的回归结果来看,企业规模的增大对企业的知识生产效率有负向的影响;从表 5.3 的回归结果来看,企业规模的增大对企业的知识商业化效率有正向的影响。从表 5.4 中企业规模对企业综合效率作用模型的回归结果来看,企业规模的平方的系数在 Xtreg 模型以及 Xttobit 模型中都显著为负,这表明企业规模与企业综合效率之间呈倒 U 形关系。因此假设 1、假设 2 和假设 3 得到了支持。总体而言,本章实证检验的结果发现了与企业创新管理领域主流观点较为一致的结论,即企业规模与企业创新效率之间存在非线性的关系(Kamien et al.,1975;Aghion et al.,2005)。本书发现,对于小型、微型企业来说,企业规模的增长对于其综合效率的提升作用较为明显,而对于中型及以上规模的企业来说,规模为其带来的优势并不明显,并且随着企业规模的增长,企业综合效率稍有下降的趋势。

(2) 本书通过将创新过程划分为知识生产过程和知识商业化过程两个阶段,进一步剖析企业规模与综合效率之间非线性关系的影响因素。尽管三种效率分别作为三个不同回归模型的因变量,这种对比并不能准确地衡量企业规模作用于各个效率之间的数量比例,但总体趋势还是较为清晰地表明,尽管小型、微型企业在知识生产过程中展现出较高的效率(Forés et al.,2016),然而其在进行新产品商业化过程中的能力不足会影响小型、微型企业综合效率的提升。而大型、中型企业虽然自身开展技术创新的能力和动力不足,但是由于掌握丰富的市场资源,依然可以在产品商业化过程中体现出较高的效率(Giaoutzi et al.,1998)。

(3) 从模型回归结果中可以看出,政府资助对于提升企业的知识生产效率和综合效率有正向显著的影响,对企业的知识商业化效率没有显著影响,这表明政府的资助对于需要投入大量资金、承担较高风险的技术研发活动能够产生更直接的帮助作用。另外,不同所有制的企业(国有企业、非国有企业)之间,在创新效率方面也有一定的差距,国有企业比非国有制企业在知识商业化效率和综合效率上都展现出更大的优势,因而需要政府在创新政策上对私营企业给予更多的优惠和扶持,从而打造出更加公平、健康的市场环境。

本章实证研究部分对相关研究假设的检验结果详见表5.4。

表5.4 企业规模与企业效率关系的实证研究结果

研究假设	实证检验结果
假设1:企业规模与企业知识生产效率负相关	支持
假设2:企业规模与企业商业化效率正相关	支持
假设3:企业规模与综合效率呈倒U形关系	支持

第6章 企业技术并购对企业规模与效率之间关系的影响研究

6.1 企业技术并购对企业规模与效率之间关系的影响研究模型

本章分别探讨了企业规模对企业知识生产效率、知识商业化效率的影响,以及企业技术并购行为的调节作用,对应的回归模型分别是表6.1和表6.2。

如表6.1所示,本书在进行实证检验时将控制变量、自变量与调节变量分别加入回归模型中:模型1中包含所有制、政府资金支持、企业年龄、企业行业类型等控制变量;模型2中的自变量为企业规模,检验的是与因变量企业知识生产效率之间的线性关系;模型3中加入的变量是企业规模与企业技术并购行为的乘积项,检验的是技术并购对于企业规模与企业知识生产效率之间关系的调节作用。从以上3个模型的回归结果可以发现,企业规模的系数无论是在单独作为自变量的模型2中,还是在技术并购层面的完整模型3中都为负,且在1%的水平下显著($\beta=-0.101$;$\beta=-0.144$);企业技术并购的系数在模型3中为-0.028且不显著;企业规模与企业技术并购的乘积项在模型3中有正的系数($\beta=0.128$),且在1%的显著性水平下显著,说明企业技术并购的行为会弱化企业规模与知识生产效率之间的负向关系。模型3的总体解释力(R^2)在12.58%左右。

由于企业技术并购对于企业规模与知识生产效率之间关系的调节作用可能会受到企业加入联盟种类、企业所处园区类型等因素的影响,因而在模型4~7中对联盟与园区层面的变量进行了控制,也在模型中综合考虑了其他层面的变量与企业规模的交互作用,并将全模型中的技术并购与企业规模的交互项系数与模型3中的系数和显著性作对比,以确定企业技术并购的调节作用是否稳健。从模型7中可以发现,企业规模与知识生产效率之间有负向的关系,且在1%的显著性水平下显著($\beta=-0.133$),企业技术并购与企业规模的交互项对知识生产效率有正向的影响,且在1%的显著性水平下显著($\beta=0.102$)。以上统计检验表明,在综合

第6章 企业技术并购对企业规模与效率之间关系的影响研究

考虑到联盟与园区层面的影响因素的情况下,企业技术并购的行为依然会显著弱化企业规模与知识生产效率之间的负向关系。模型7的总体解释力(R^2)在13.96%左右。

控制变量的回归结果在模型1~7中较为一致,且回归系数的大小也比较接近,表明回归检验的稳健性较好。其中,企业年龄的系数都为负,且都在1%的显著性水平下显著,表明年龄越大的企业在一定程度上有更低的知识生产效率;所有制的系数在模型3和模型7中都为正($\beta=0.025$;$\beta=0.023$),且在5%的显著性水平下显著,说明国有制企业能够取得更高的知识生产效率;政府资金支持在模型中都为正,表明受到政府资助的企业在一定程度上有更高的知识生产效率;反映企业所属行业类型的控制变量系数在以上模型中大部分都不显著。

表6.1 企业技术并购行为对企业知识生产效率作用模型的回归结果

投资并购	知识生产效率(Xtreg fe)						
	模型1	模型2	模型3	模型4	模型5	模型6	模型7
所有制	−0.046***	0.025**	0.025**	−0.027**	0.016	0.019*	0.023**
	(0.010)	(0.010)	(0.010)	(0.010)	(0.010)	(0.010)	(0.010)
政府资金支持	0.001	0.005***	0.004**	0.001	0.003**	0.003*	0.002
	(0.002)	(0.002)	(0.002)	(0.002)	(0.002)	(0.002)	(0.002)
企业年龄	−0.035***	−0.018***	−0.022***	−0.027***	−0.019***	−0.022***	−0.022***
	(0.005)	(0.005)	(0.005)	(0.006)	(0.005)	(0.005)	(0.005)
服务业	0.058	0.005	0.023	0.024	0.003	0.017	0.026
	(0.054)	(0.052)	(0.051)	(0.056)	(0.054)	(0.054)	(0.054)
制造业	−0.016	−0.087*	−0.068	−0.047	−0.091*	−0.075	−0.064
	(0.054)	(0.052)	(0.051)	(0.054)	(0.052)	(0.052)	(0.052)
邮电业	0.061	0.005	0.045	0.006	−0.031	0.001	0.016
	(0.094)	(0.090)	(0.089)	(0.094)	(0.090)	(0.090)	(0.090)
零售业	0.114**	0.026	0.027	0.088	0.015	0.02	0.035
	(0.057)	(0.055)	(0.055)	(0.057)	(0.055)	(0.055)	(0.056)
技术并购			−0.028	−0.079***	0.060***	−0.028	−0.017
			(0.020)	(0.011)	(0.015)	(0.020)	(0.020)
成熟期园区				−0.027	−0.017	−0.022	−0.034
				(0.031)	(0.030)	(0.029)	(0.030)
成长期园区				−0.031	−0.013	−0.016	−0.027
				(0.030)	(0.029)	(0.029)	(0.029)

续表

投资并购	知识生产效率(Xtreg fe)						
	模型1	模型2	模型3	模型4	模型5	模型6	模型7
园区行业聚集度				0.011	−0.013	−0.016	−0.022
				(0.050)	(0.048)	(0.048)	(0.048)
区域级联盟				0.020**	0.032***	0.031***	0.029***
				(0.009)	(0.008)	(0.008)	(0.011)
国家级联盟				−0.004	0.008	0.004	−0.015
				(0.007)	(0.007)	(0.007)	(0.012)
产学研联盟				0.024**	0.017	0.015	0.001
				(0.012)	(0.012)	(0.011)	(0.015)
企业规模		−0.101***	−0.144***		−0.131***	−0.148***	−0.133***
		(0.007)	(0.009)		(0.009)	(0.009)	(0.011)
规模*技术并购			0.128***			0.124***	0.102***
			(0.019)			(0.019)	(0.020)
规模*成熟期园区							0.079**
							(0.039)
规模*成长期园区							0.096**
							(0.039)
规模*园区行业聚集度							−0.089**
							(0.039)
规模*区域级联盟							0.009
							(0.010)
规模*国家级联盟							0.019**
							(0.010)
规模*产学研联盟							0.033**
							(0.013)
常数项	0.524***	0.772***	0.834***	0.580***	0.844***	0.869***	0.838***
	(0.055)	(0.055)	(0.055)	(0.062)	(0.062)	(0.062)	(0.066)
N	2 750	2 750	2 750	2 749	2 749	2 749	2 749
R^2	0.053 7	0.115 5	0.125 8	0.071 3	0.123 4	0.131 1	0.139 6

注：1. *表示p值<0.1，**表示p值<0.05，***表示p值<0.01。

2. 括号中的数值均为稳健标准差，以消除异方差或自相关问题的可能影响。

3. 根据Hausman检验的结果，采用固定效应模型。

如表6.2所示，本书在进行实证检验时将控制变量、自变量与调节变量分别加入回归模型中：模型1中包含所有制、政府资金支持、企业年龄、企业行业类型等控制变量;模型2中加入的自变量为企业规模,检验的是与因变量企业知识商业化效率之间的线性关系;模型3中加入的变量是企业规模与企业技术并购行为的乘积项,检验的是技术并购对于企业规模与企业知识商业化效率之间关系的调节作用。从以上3个模型的回归结果中可以发现,企业规模的系数无论是在单独作为自变量的模型2中,还是在技术并购层面的完整模型3中都为正,且在1%的水平下显著($\beta=0.057$;$\beta=0.081$);企业技术并购的系数在模型3中为-0.015且不显著;企业规模与企业技术并购的乘积项在模型3中有负的系数($\beta=-0.045$),且在1%的显著性水平下显著,说明企业技术并购的行为会弱化企业规模与知识商业化效率之间的正向关系。模型3的总体解释力(R^2)在14.2%左右。

表6.2 企业技术并购行为对企业知识商业化效率作用模型的回归结果

投资并购	知识商业化效率(Xtreg re)						
	模型1	模型2	模型3	模型4	模型5	模型6	模型7
所有制	0.067***	0.027***	0.029***	0.054***	0.031***	0.030***	0.030***
	(0.007)	(0.008)	(0.008)	(0.008)	(0.008)	(0.008)	(0.008)
政府资金支持(log)	0.001	−0.001	−0.001	0.001	−0.002	−0.002	−0.002*
	(0.001)	(0.001)	(0.001)	(0.001)	(0.001)	(0.001)	(0.001)
企业年龄	0.012***	0.001	0.002	0.006	0.001	0.001	0.005
	(0.004)	(0.004)	(0.004)	(0.004)	(0.004)	(0.004)	(0.004)
服务业	−0.116***	−0.087**	−0.096**	−0.076*	−0.069*	−0.074*	−0.043
	(0.039)	(0.038)	(0.038)	(0.041)	(0.040)	(0.040)	(0.040)
制造业	−0.056	−0.018	−0.028	−0.039	−0.017	−0.023	0.01
	(0.039)	(0.038)	(0.038)	(0.039)	(0.038)	(0.038)	(0.038)
邮电业	0.181***	0.213***	0.194***	0.178***	0.200***	0.190***	0.210***
	(0.068)	(0.066)	(0.066)	(0.068)	(0.067)	(0.067)	(0.066)
零售业	−0.114***	−0.065	−0.064	−0.102**	−0.061	−0.063	−0.009
	(0.042)	(0.041)	(0.041)	(0.041)	(0.041)	(0.040)	(0.041)
技术并购			−0.015	0.031***	−0.047***	−0.019	−0.031**
			(0.015)	(0.008)	(0.011)	(0.015)	(0.015)
成熟期园区				−0.039*	−0.041*	−0.039*	−0.036*
				(0.022)	(0.022)	(0.022)	(0.022)
成长期园区				−0.011	−0.019	−0.017	−0.016
				(0.022)	(0.022)	(0.021)	(0.022)
园区行业聚集度				−0.092***	−0.069**	−0.067*	−0.051
				(0.035)	(0.035)	(0.035)	(0.034)

续 表

投资并购	知识商业化效率(Xtreg re)						
	模型1	模型2	模型3	模型4	模型5	模型6	模型7
区域级联盟				0.021***	0.014**	0.015**	0.020**
				(0.006)	(0.006)	(0.006)	(0.008)
国家级联盟				0.001	−0.007	−0.005	0.011
				(0.005)	(0.005)	(0.005)	(0.009)
产学研联盟				−0.012	−0.008	−0.008	−0.008
				(0.009)	(0.008)	(0.008)	(0.011)
企业规模		0.057***	0.081***		0.073***	0.079***	0.105***
		(0.005)	(0.007)		(0.006)	(0.007)	(0.008)
规模*技术并购			−0.045***			−0.040***	−0.028*
			(0.014)			(0.014)	(0.015)
规模*成熟期园区							0.005
							(0.029)
规模*成长期园区							0.013
							(0.029)
规模*园区行业聚集度							−0.192***
							(0.029)
规模*区域级联盟							0.001
							(0.007)
规模*国家级联盟							−0.017**
							(0.007)
规模*产学研联盟							−0.002
							(0.010)
常数项	0.457***	0.321***	0.287***	0.481***	0.334***	0.326***	0.220***
	(0.039)	(0.040)	(0.041)	(0.045)	(0.046)	(0.046)	(0.048)
N	2 750	2 750	2 750	2 749	2 749	2 749	2 749
R^2	0.089 3	0.133 1	0.142 0	0.105 1	0.145 8	0.148 3	0.164 7
Chi²	268.84	421.02	453.38	321.19	466.64	475.55	537.67

注：1. *表示 p 值<0.1，**表示 p 值<0.05，***表示 p 值<0.01。

2. 括号中的数值均为稳健标准差，以消除异方差或自相关问题的可能影响。

3. 根据 Hausman 检验的结果，采用随机效应模型。

由于企业技术并购对于企业规模与知识商业化效率之间关系的调节作用可

能会受到企业加入联盟种类、企业所处园区类型等因素的影响,因而在模型4~7中对联盟与园区层面的变量进行了控制,也在模型中综合考虑了其他层面的变量与企业规模的交互作用,并将全模型中的技术并购与企业规模的交互项系数与模型3中的系数和显著性作对比,以确定企业技术并购的调节作用是否稳健。从模型7中可以发现,企业规模与知识商业化效率之间有正向的关系,且在1%的显著性水平下显著($\beta=0.105$),企业技术并购与企业规模的交互项对知识商业化效率有负向的影响,且在10%的显著性水平下显著($\beta=-0.028$)。以上统计检验表明,在综合考虑到联盟与园区层面的影响因素的情况下,企业技术并购的行为依然会显著弱化企业规模与知识商业化效率之间的正向关系。模型7的总体解释力(R^2)在16.47%左右。

控制变量的回归结果在模型1~7中较为一致,且回归系数的大小也比较接近,表明回归检验的稳健性较好。其中,企业年龄和政府资金支持的系数大部分为正,但是在大部分模型中不显著,表明其对于知识商业化效率的提升影响不大;所有制的系数在模型中都为正,且在1%的显著性水平下显著,说明国有企业能够取得更高的知识商业化效率;反映企业所属行业类型的控制变量系数在以上模型中大部分都不显著。

本书也加入了采用Xttobit回归的模型作为稳健性检验。检验的结果如表6.3所示,所有模型的Wald Chi^{2}值依旧非常显著($p<0.01$)。在知识生产效率的模型中,企业规模的系数为负且在1%的显著性水平下显著($\beta=-0.136$),企业规模与技术并购的交互项为正且在1%的显著性水平下显著($\beta=0.035$);在知识商业化效率的模型中,企业规模的系数为正且在1%的显著性水平下显著($\beta=0.070$),企业规模与技术并购的交互项为负且在10%的显著性水平下显著($\beta=-0.010$)。这两个Xttobit模型与包含相同变量的前两个模型结果基本一致,大部分变量系数的符号、显著性都保持不变,系数也较为接近,因此以上对于回归结果的分析较为稳健。

表6.3 企业技术并购对企业效率作用模型的稳健性检验

企业技术并购	Xttobit	
	知识生产效率	知识商业化效率
所有制	0.025**	0.030***
	(0.011)	(0.008)
政府资金支持	0.002**	-0.001
	(0.001)	(0.001)
企业年龄	-0.002***	0.001
	(0.001)	(0.001)

续表

企业技术并购	Xttobit	
	知识生产效率	知识商业化效率
服务业	0.012	−0.085**
	(0.054)	(0.039)
制造业	−0.081	−0.022
	(0.053)	(0.038)
邮电业	0.03	0.221***
	(0.093)	(0.067)
零售业	0.023	−0.059
	(0.057)	(0.041)
技术并购	−0.003	−0.005
	(0.01)	(0.007)
企业规模	−0.136***	0.070***
	(0.009)	(0.006)
规模*技术并购	0.035***	−0.010*
	(0.008)	(0.005)
常数项	0.571***	0.07
	(0.068)	(0.047)
N	2 749	2 749
Chi²	466.16	412.45

注：1. *表示 p 值<0.1，**表示 p 值<0.05，***表示 p 值<0.01。
2. 括号中的数值均为稳健标准差，以消除异方差或自相关问题的可能影响。

本书用标准化后的数据生成了斜率，绘制了调节效应的作用图，如图 6.1 和图 6.2 所示。当企业开展的技术并购较少时（−1 SD），企业规模与企业知识生产效率之间有显著的负相关趋势；当企业开展的技术并购较多时（+1 SD），企业规模与企业知识生产效率之间的负相关趋势有所减弱；同时，当企业开展的技术并购较少时（−1 SD），企业规模与企业商业化效率有显著的正相关趋势；当企业开展的技术并购较多时（+1 SD），企业规模与企业知识商业化效率的正相关趋势有所减弱。

第 6 章 企业技术并购对企业规模与效率之间关系的影响研究

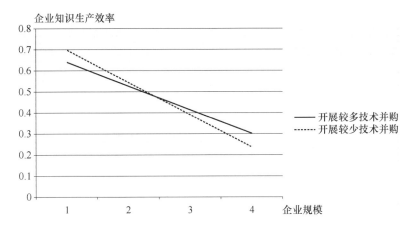

图 6.1 企业技术并购对企业知识生产效率的调节作用

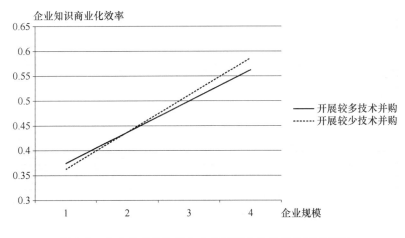

图 6.2 企业技术并购对企业知识商业化效率的调节作用

6.2 本章小结

本章对科技园区中企业规模对企业效率的影响进行了实证检验,得出了以下结论。

首先,对于企业技术并购这个调节变量的分析结果表明:企业规模与企业技术并购的乘积项在知识生产效率模型中有正的系数($\beta=0.128$),且在 1% 的显著性水平下显著,说明企业技术并购的行为会弱化企业规模与知识生产效率之间的负向关系。也就是说,当大型企业开展较多技术并购活动时,其知识生产效率会更高,假设 4a 得到了验证。该结论印证了许多已有研究的假设,即技术并购行为有利于企业学习掌握新技术,改进生产工艺和流程,并创造出新的知识组合(Karim et al., 2010; Sears et al., 2014; Orsi et al., 2015)。同时,现有研究还强调了企业自身的消化吸收能力,以及企业自身与被并购企业的知识储备近似程度对于企业技术并购效果的影响(Han et al., 2018)。假设 4a 的结论对于已有研究进行了补充,证明了对于具有更强知识学习利用能力、更丰富并购经验的大型企业来说,开展技术并购对其知识生产效率具有明显的提升作用。

而企业规模与企业技术并购的乘积项在知识商业化模型中有负的系数($\beta=-0.045$),且在 1% 的显著性水平下显著,说明企业技术并购的行为会弱化企业规模与知识商业化效率之间的正向关系。也就是说,当小型企业开展较多技术并购活动时,其知识商业化效率更高,假设 4b 得到了验证。许多研究已经表明,企业开展技术并购有利于其提升市场影响力,并将已有的市场资源扩展到新的领域中(Lin et al., 2015)。从资源基础观的视角来看,企业对于外部资源的整合能力已经成为提升企业竞争力的重要因素之一。假设 4b 的结论对已有的技术并购研究进行了细化分析,探讨了技术并购对于不同规模企业的影响方向与作用力度。研究表明,技术并购更有利于弥补小型企业在市场资源方面的不足,并帮助小型企业扩展市场范围,因而对小型企业知识商业化效率具有明显的提升作用。

最后,从模型的回归结果中可以看出,政府资助对于提升企业的知识生产效率有正向显著的影响,对企业的知识商业化效率没有显著影响,这表明政府的资助对于需要投入大量资金、承担较高风险的技术研发活动,能够产生更直接的帮助作用。另外,不同所有制的企业(国有企业、非国有企业)之间,在创新效率方面也有一定的差距,国有企业比非国有制企业在知识生产效率、知识商业化效率上都展现出更大的优势。

本章实证研究部分对相关研究假设的检验结果详见表 6.4。

表 6.4 企业规模、技术并购行为与企业效率关系的实证研究结果

研究假设	实证检验结果
假设 4:企业规模与企业效率之间的关系受到企业所开展的技术并购活动的调节	
假设 4a:当企业开展技术并购活动时,企业规模与企业知识生产效率之间的负向关系更弱	支持
假设 4b:当企业开展技术并购活动时,企业规模与企业知识商业化效率之间的正向关系更弱	支持

第7章 企业加入联盟对企业规模与效率之间关系的影响研究

7.1 企业加入联盟对企业规模与效率之间关系的影响研究模型

本章分别探讨了企业规模对企业知识生产效率、知识商业化效率的影响,以及企业所加入的联盟类型的调节作用,对应的回归模型如表7.1、表7.2、表7.4、表7.5所示。

如表7.1所示,本书在对国家级联盟对于企业规模和知识生产效率之间关系的调节作用进行实证检验时,将控制变量、自变量与调节变量分别加入回归模型中:模型1中包含所有制、政府资金支持、企业年龄、企业行业类型等控制变量;模型2中的自变量为企业规模,检验的是与因变量企业知识生产效率之间的线性关系;模型3中的自变量是企业规模与国家级联盟的乘积项,检验的是国家级联盟对于企业规模与企业知识生产效率之间关系的调节作用。从以上3个模型的回归结果中可以发现,企业规模的系数无论是在单独作为自变量的模型2中,还是在联盟层面的完整模型3中都为负,且在1%的显著性水平下显著($\beta=-0.101$;$\beta=-0.104$);国家级联盟的系数在模型3中为-0.022且在5%的显著性水平下显著;企业规模与国家级联盟的乘积项在模型3中有正的系数($\beta=0.037$),且在1%的显著性水平下显著,说明企业较多地加入国家级联盟会弱化企业规模与知识生产效率之间的负向关系。模型3的总体解释力(R^2)在12.03%左右。

由于国家级联盟对于企业规模与知识生产效率之间关系的调节作用可能会受到企业技术并购行为、企业所处园区类型等因素的影响,因而在模型4~7中对技术并购与园区层面的变量进行了控制,也在模型中综合考虑了其他层面的变量与企业规模的交互作用,并将全模型中的国家级联盟与企业规模的交互项系数与模型3中的系数和显著性作对比,以确定国家级联盟的调节作用是否稳健。从模型7中可以发现,企业规模与知识生产效率之间有负向的关系,且在1%的显著性水平下显著($\beta=-0.133$),国家级联盟与企业规模的交互项对知识生产效率有正向的影响,且在5%的显著性水平下显著($\beta=0.019$)。以上统计检验表明,在综合考虑到技术并购与园区层面的影响因素的情况下,企业加入较多国家级联盟的行为依然会显著弱化企业规模与知识生产效率之间的负向关系。

控制变量的回归结果在模型1～7中较为一致,且回归系数的大小也比较接近,表明回归检验的稳健性较好。其中,企业年龄的系数都为负,且都在1%的显著性水平下显著,表明年龄越大的企业在一定程度上有更低的知识生产效率;所有制的系数在大部分模型中为正,说明国有企业能够取得更高的知识生产效率;反映企业所属行业类型的控制变量系数在以上模型中大部分都不显著。

表7.1 企业所加入的国家级联盟对企业知识生产效率作用模型的回归结果

国家级联盟	知识生产效率(Xtreg fe)						
	模型1	模型2	模型3	模型4	模型5	模型6	模型7
所有制	−0.046***	0.025**	0.026**	−0.027**	0.016	0.019*	0.023**
	(0.010)	(0.010)	(0.010)	(0.010)	(0.010)	(0.010)	(0.010)
政府资金支持(log)	0.001	0.005***	0.004**	0.001	0.003**	0.003*	0.002
	(0.002)	(0.002)	(0.002)	(0.002)	(0.002)	(0.002)	(0.002)
企业年龄	−0.035***	−0.018***	−0.021***	−0.027***	−0.019***	−0.022***	−0.022***
	(0.005)	(0.005)	(0.005)	(0.006)	(0.005)	(0.005)	(0.005)
服务业	0.058	0.005	−0.003	0.024	0.003	0.001	0.026
	(0.054)	(0.052)	(0.052)	(0.056)	(0.054)	(0.054)	(0.054)
制造业	−0.016	−0.087*	−0.091*	−0.047	−0.091*	−0.093*	−0.064
	(0.054)	(0.052)	(0.052)	(0.054)	(0.052)	(0.052)	(0.052)
邮电业	0.061	0.005	0.004	0.006	−0.031	−0.011	0.016
	(0.094)	(0.090)	(0.090)	(0.094)	(0.090)	(0.090)	(0.090)
零售业	0.114**	0.026	0.016	0.088	0.015	0.008	0.035
	(0.057)	(0.055)	(0.055)	(0.057)	(0.055)	(0.055)	(0.056)
技术并购				−0.079***	0.060***	0.057***	−0.017
				(0.011)	(0.015)	(0.014)	(0.020)
成熟期园区				−0.027	−0.017	−0.019	−0.034
				(0.031)	(0.030)	(0.029)	(0.030)
成长期园区				−0.031	−0.013	−0.014	−0.027
				(0.030)	(0.029)	(0.029)	(0.029)
园区行业聚集度				0.011	−0.013	−0.02	−0.022
				(0.050)	(0.048)	(0.048)	(0.048)
区域级联盟				0.020**	0.032***	0.031***	0.029***
				(0.009)	(0.008)	(0.008)	(0.011)

续表

国家级联盟	知识生产效率(Xtreg fe)						
	模型1	模型2	模型3	模型4	模型5	模型6	模型7
国家级联盟			−0.022**	−0.004	0.008	−0.031***	−0.015
			(0.011)	(0.007)	(0.007)	(0.011)	(0.012)
产学研联盟				0.024**	0.017	0.024**	0.001
				(0.012)	(0.012)	(0.012)	(0.015)
企业规模		−0.101***	−0.104***		−0.131***	−0.131***	−0.133***
		(0.007)	(0.007)		(0.009)	(0.009)	(0.011)
规模*技术并购							0.102***
							(0.020)
规模*成熟期园区							0.079**
							(0.039)
规模*成长期园区							0.096**
							(0.039)
规模*园区行业聚集度							−0.089**
							(0.039)
规模*区域级联盟							0.009
							(0.010)
规模*国家级联盟			0.037***			0.039***	0.019**
			(0.009)			(0.009)	(0.010)
规模*产学研联盟							0.033**
							(0.013)
常数项	0.524***	0.772***	0.787***	0.580***	0.844***	0.855***	0.838***
	(0.055)	(0.055)	(0.055)	(0.062)	(0.062)	(0.062)	(0.066)
N	2 750	2 750	2 750	2 749	2 749	2 749	2 749
R^2	0.053 7	0.115 5	0.120 3	0.071 3	0.123 4	0.128 5	0.139 6

注：1. *表示 p 值<0.1，**表示 p 值<0.05，***表示 p 值<0.01。

2. 括号中的数值均为稳健标准差，以消除异方差或自相关问题的可能影响。

3. 根据 Hausman 检验的结果，采用固定效应模型。

如表 7.2 所示，本书在对国家级联盟对于企业规模和企业知识商业化效率进行实证检验时，将控制变量、自变量与调节变量分别加入回归模型中：模型 1 中包含所有制、政府资金支持、企业年龄、企业行业等控制变量；模型 2 中的自变量为企业规模，检验的是与因变量企业知识商业化效率之间的线性关系；模型 3 中的自变量是企业规模与国家级联盟的乘积项，检验的是国家级联盟对于企业规模与企业知识商业化效率之间关系的调节作用。从以上3个模型的回归结果中可以发现,企业规模的系数无论是在单独作为自变量的模型2中,还是在联盟层面的完整模型3中都为正,且在1%的显著性水平下显著($\beta=0.057$;$\beta=0.058$);国家级联盟的系数在模型3中为0.014且在10%的显著性水平下显著;最后,企业规模与国家级联盟的乘积项在模型3中有负的系数($\beta=-0.021$),且在1%的显著性水平下显著,说明企业加入较多国家级联盟的行为会弱化企业规模与知识商业化效率之间的正向关系。模型3的总体解释力(R^2)在13.74%左右。

由于国家级联盟对于企业规模与知识商业化效率之间关系的调节作用可能会受到企业技术并购行为、企业所处园区类型等因素的影响,因而在模型4~7中对技术并购与园区层面的变量进行了控制,也在模型中综合考虑了其他层面的变量与企业规模的交互作用,并将全模型中的国家级联盟与企业规模的交互项系数与模型3中的系数和显著性作对比,以确定国家级联盟的调节作用是否稳健。从模型7中可以发现,企业规模与知识商业化效率之间有正向的关系,且在1%的显著性水平下显著($\beta=0.105$),国家级联盟与企业规模的交互项对知识商业化效率有负向的影响,且在5%的显著性水平下显著($\beta=-0.017$)。以上统计检验表明,在综合考虑到技术并购与园区层面的影响因素的情况下,企业加入较多国家级联盟的行为依然会显著弱化企业规模与知识商业化效率之间的正向关系。

控制变量的回归结果在模型1~7中较为一致,且回归系数的大小也比较接近,表明回归检验的稳健性较好。其中,所有制的系数在所有模型中都为正,且在1%的显著性水平下显著,说明国有企业普遍能够取得更高的知识商业化效率;企业年龄的系数都为正,但只在模型1中在1%的显著性水平下显著,表明企业年龄与知识商业化效率之间的关系并不明显;政府资金支持在大部分模型中都不显著,表明受到政府资助的企业并不一定有更高的知识商业化效率;反映企业所属行业类型的控制变量系数在以上模型中大部分都不显著。

表7.2 企业所加入的国家级联盟对企业知识商业化效率作用模型的回归结果

国家级联盟	知识商业化效率(Xtreg re)						
	模型1	模型2	模型3	模型4	模型5	模型6	模型7
所有制	0.067***	0.027***	0.027***	0.054***	0.031***	0.029***	0.030***
	(0.007)	(0.008)	(0.008)	(0.008)	(0.008)	(0.008)	(0.008)
政府资金支持(log)	0.001	−0.001	−0.001	0.001	−0.002	−0.002	−0.002*
	(0.001)	(0.001)	(0.001)	(0.001)	(0.001)	(0.001)	(0.001)
企业年龄	0.012***	0.001	0.002	0.006	0.001	0.002	0.005
	(0.004)	(0.004)	(0.004)	(0.004)	(0.004)	(0.004)	(0.004)

续 表

国家级联盟	知识商业化效率(Xtreg re)						
	模型1	模型2	模型3	模型4	模型5	模型6	模型7
服务业	-0.116***	-0.087**	-0.083**	-0.076*	-0.069*	-0.068*	-0.043
	(0.039)	(0.038)	(0.038)	(0.041)	(0.040)	(0.040)	(0.040)
制造业	-0.056	-0.018	-0.017	-0.039	-0.017	-0.017	0.010
	(0.039)	(0.038)	(0.038)	(0.039)	(0.038)	(0.038)	(0.038)
邮电业	0.181***	0.213***	0.213***	0.178***	0.200***	0.188***	0.210***
	(0.068)	(0.066)	(0.066)	(0.068)	(0.067)	(0.066)	(0.066)
零售业	-0.114***	-0.065	-0.06	-0.102**	-0.061	-0.058	-0.009
	(0.042)	(0.041)	(0.041)	(0.041)	(0.041)	(0.040)	(0.041)
技术并购				0.031***	-0.047***	-0.046***	-0.031**
				(0.008)	(0.011)	(0.011)	(0.015)
成熟期园区				-0.039*	-0.041*	-0.040*	-0.036*
				(0.022)	(0.022)	(0.022)	(0.022)
成长期园区				-0.011	-0.019	-0.018	-0.016
				(0.022)	(0.022)	(0.021)	(0.022)
园区行业聚集度				-0.092***	-0.069**	-0.064*	-0.051
				(0.035)	(0.035)	(0.035)	(0.034)
区域级联盟				0.021***	0.014**	0.015**	0.020**
				(0.006)	(0.006)	(0.006)	(0.008)
国家级联盟		0.014*	0.001	-0.007		0.014*	0.011
		(0.008)	(0.005)	(0.005)		(0.008)	(0.009)
产学研联盟			-0.012	-0.008	-0.012		-0.008
			(0.009)	(0.008)	(0.009)		(0.011)
企业规模		0.057***	0.058***		0.073***	0.073***	0.105***
		(0.005)	(0.005)		(0.006)	(0.006)	(0.008)
规模*技术并购							-0.028*
							(0.015)
规模*成熟期园区							0.005
							(0.029)
规模*成长期园区							0.013
							(0.029)

续表

国家级联盟	知识商业化效率(Xtreg re)						
	模型1	模型2	模型3	模型4	模型5	模型6	模型7
规模*园区行业聚集度							−0.192***
							(0.029)
规模*区域级联盟						0.001	
						(0.007)	
规模*国家级联盟			−0.021***			−0.021***	−0.017**
			(0.006)			(0.006)	(0.007)
规模*产学研联盟							−0.002
							(0.010)
常数项	0.457***	0.321***	0.314***	0.481***	0.334***	0.328***	0.220***
	(0.039)	(0.040)	(0.040)	(0.045)	(0.046)	(0.046)	(0.048)
N	2 750	2 750	2 750	2 749	2 749	2 749	2 749
R^2	0.089 3	0.133 1	0.137 4	0.105 1	0.145 8	0.149 2	0.164 7
Chi^2	268.84	421.02	436.34	321.19	466.64	479.21	537.67

注:1. *表示 p 值<0.1,**表示 p 值<0.05,***表示 p 值<0.01。
2. 括号中的数值均为稳健标准差,以消除异方差或自相关问题的可能影响。
3. 根据 Hausman 检验的结果,采用随机效应模型。

本书也加入了采用 Xttobit 回归的模型作为稳健性检验。检验的结果如表7.3所示,所有模型的 Wald Chi^2 值依旧非常显著(p<0.01)。在知识生产效率的模型中,企业规模的系数为负且在1%的显著性水平下显著($\beta=-0.107$),企业规模与国家级联盟的交互项为正且在1%的显著性水平下显著($\beta=0.038$);在知识商业化效率的模型中,企业规模的系数为正且在1%的显著性水平下显著($\beta=0.058$),企业规模与国家级联盟的交互项为负且在1%的显著性水平下显著($\beta=-0.021$)。这两个 Xttobit 模型与包含相同变量的前两个模型结果基本一致,所有变量系数的符号、显著性都保持不变,系数也较为接近,因此以上对于回归结果的分析较为稳健。

表7.3 企业加入的国家级联盟与企业效率模型的稳健性检验

国家级联盟	Xttobit	
	知识生产效率	知识商业化效率
所有制	0.026**	0.028***
	(0.011)	(0.008)
政府资金支持	0.004***	−0.002
	(0.002)	(0.001)

续 表

国家级联盟	Xttobit	
	知识生产效率	知识商业化效率
企业年龄	−0.021***	0.002
	(0.006)	(0.004)
服务业	−0.002	−0.083**
	(0.054)	(0.039)
制造业	−0.092*	−0.017
	(0.054)	(0.038)
邮电业	0.008	0.223***
	(0.094)	(0.068)
零售业	0.018	−0.058
	(0.057)	(0.041)
国家级联盟	−0.023**	0.014*
	(0.011)	(0.008)
企业规模	−0.107***	0.058***
	(0.007)	(0.005)
规模*国家级联盟	0.038***	−0.021***
	(0.009)	(0.006)
常数项	0.494***	0.066
	(0.06)	(0.041)
N	2 750	2 750
Chi^2	436.41	395.11

注：1. *表示 p 值<0.1，**表示 p 值<0.05，***表示 p 值<0.01。
2. 括号中的数值均为稳健标准差，以消除异方差或自相关问题的可能影响。

沿用 Aiken 和 West 的方法，本书进行了简单斜率检验(simple slope test)，并且用标准化后的数据生成了斜率，绘制了调节效应的作用图，如图 7.1 和图 7.2 所示。当企业加入国家级联盟较少时(−1 SD)，企业规模与企业知识生产效率有显著的负相关趋势；当企业加入国家级联盟较多时(+1 SD)，企业规模与企业知识生产效率的负相关趋势有所减弱。同时，当企业加入国家级联盟较少时(−1 SD)，企业规模与企业商业化效率有显著的正相关趋势；当企业加入国家级联盟较多时(+1 SD)，企业规模与企业知识商业化效率的正相关趋势有所减弱。

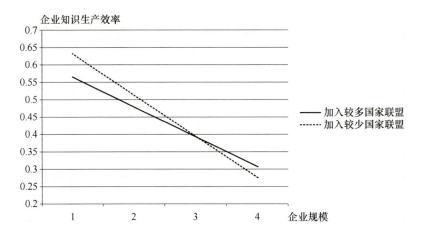

图 7.1 企业加入的国家级联盟对企业知识生产效率的调节作用

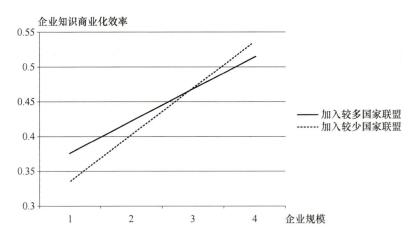

图 7.2 企业加入的国家级联盟对企业知识商业化效率的调节作用

如表 7.4 所示,本书在对区域级联盟对于企业规模与知识生产效率之间关系的调节作用进行实证检验时,将控制变量、自变量与调节变量分别加入回归模型中:模型 1 中包含所有制、政府资金支持、企业年龄、企业行业类型等控制变量;模型 2 中的自变量为企业规模,检验的是与因变量企业知识生产效率之间的线性关系;模型 3 中的自变量是企业规模与区域级联盟的乘积项,检验的是区域级联盟对于企业规模与企业知识生产效率之间关系的调节作用。从以上 3 个模型的回归结果中可以发现,企业规模的系数无论是在单独作为自变量的模型 2 中,还是在联盟层面的完整模型 3 中都为负,且在 1% 的显著性水平下表现显著($\beta=-0.101$;$\beta=-0.107$);区域级联盟的系数在模型 3 中为 0.020 且在 10% 的显著性水平下显著;企业规模与区域级联盟的乘积项在模型 3 中有正的系数($\beta=0.023$),且在

第7章 企业加入联盟对企业规模与效率之间关系的影响研究

5%的显著性水平下显著,说明企业较多地加入区域级联盟会弱化企业规模与知识生产效率之间的负向关系。模型3的总体解释力(R^2)在12.03%左右。

表7.4 企业所加入的区域级联盟对企业知识生产效率作用模型的回归结果

区域级联盟	知识生产效率(Xtreg fe)						
	模型1	模型2	模型3	模型4	模型5	模型6	模型7
所有制	−0.046***	0.025**	0.021**	−0.027**	0.016	0.018*	0.023**
	(0.010)	(0.010)	(0.010)	(0.010)	(0.010)	(0.010)	(0.010)
政府资金支持(log)	0.001	0.005***	0.004**	0.001	0.003**	0.003**	0.002
	(0.002)	(0.002)	(0.002)	(0.002)	(0.002)	(0.002)	(0.002)
企业年龄	−0.035***	−0.018***	−0.018***	−0.027***	−0.019***	−0.020***	−0.022***
	(0.005)	(0.005)	(0.005)	(0.006)	(0.005)	(0.005)	(0.005)
服务业	0.058	0.005	−0.013	0.024	0.003	0.001	0.026
	(0.054)	(0.052)	(0.052)	(0.056)	(0.054)	(0.054)	(0.054)
制造业	−0.016	−0.087*	−0.099*	−0.047	−0.091*	−0.094*	−0.064
	(0.054)	(0.052)	(0.052)	(0.054)	(0.052)	(0.052)	(0.052)
邮电业	0.061	0.005	−0.038	0.006	−0.031	−0.031	0.016
	(0.094)	(0.090)	(0.090)	(0.094)	(0.090)	(0.090)	(0.090)
零售业	0.114**	0.026	0.012	0.088	0.015	0.01	0.035
	(0.057)	(0.055)	(0.055)	(0.057)	(0.055)	(0.055)	(0.056)
技术并购				−0.079***	0.060***	0.060***	−0.017
				(0.011)	(0.015)	(0.015)	(0.020)
成熟期园区				−0.027	−0.017	−0.019	−0.034
				(0.031)	(0.030)	(0.029)	(0.030)
成长期园区				−0.031	−0.013	−0.014	−0.027
				(0.030)	(0.029)	(0.029)	(0.029)
园区行业聚集度				0.011	−0.013	−0.021	−0.022
				(0.050)	(0.048)	(0.048)	(0.048)
区域级联盟			0.020*	0.020**	0.032***	0.014	0.029***
			(0.011)	(0.009)	(0.008)	(0.011)	(0.011)
国家级联盟				−0.004	0.008	0.007	−0.015
				(0.007)	(0.007)	(0.007)	(0.012)
产学研联盟				0.024**	0.017	0.019	0.001
				(0.012)	(0.012)	(0.012)	(0.015)

续 表

区域级联盟	知识生产效率(Xtreg fe)						
	模型1	模型2	模型3	模型4	模型5	模型6	模型7
企业规模		-0.101***	-0.107***		-0.131***	-0.132***	-0.133***
		(0.007)	(0.007)		(0.009)	(0.009)	(0.011)
规模*技术并购							0.102***
							(0.020)
规模*成熟期园区							0.079**
							(0.039)
规模*成长期园区							0.096**
							(0.039)
规模*园区行业聚集度							-0.089**
							(0.039)
规模*区域级联盟			0.023**			0.025	0.009
			(0.010)			(0.010)	(0.010)
规模*国家级联盟							0.019**
							(0.010)
规模*产学研联盟							0.033**
							(0.013)
常数项	0.524***	0.772***	0.795***	0.580***	0.844***	0.854***	0.838***
	(0.055)	(0.055)	(0.055)	(0.062)	(0.062)	(0.063)	(0.066)
N	2 750	2 750	2 750	2 749	2 749	2 749	2 749
R^2	0.053 7	0.115 5	0.120 3	0.071 3	0.123 4	0.124 7	0.139 6

注：1. *表示 p 值<0.1，**表示 p 值<0.05，***表示 p 值<0.01。

2. 括号中的数值均为稳健标准差，以消除异方差或自相关问题的可能影响。

3. 根据 Hausman 检验的结果，采用固定效应模型。

由于区域级联盟对于企业规模与知识生产效率之间关系的调节作用可能会受到企业技术并购行为、企业所处园区类型等因素的影响，因而在模型4～7中对技术并购与园区层面的变量进行了控制，也在模型中综合考虑了其他层面的变量与企业规模的交互作用，并将全模型中的区域及联盟与企业规模的交互项系数与模型3中的系数和显著性作对比，以确定区域级联盟的调节作用是否稳健。从模型7中可以发现，企业规模与知识生产效率之间有负向的关系，且在1%的显著性水平下显著（$\beta=-0.133$），区域级联盟与企业规模的交互项对知识生产效率有正向的影响，但是并不显著。以上统计检验表明，在综合考虑到技术并购与园区层面的影响因素的情况下,企业加入较多区域级联盟的行为对于企业规模与知识生产效率之间的调节作用并不明显。

控制变量的回归结果在模型1~7中较为一致,且回归系数的大小也比较接近,表明回归检验的稳健性较好。其中,企业年龄的系数都为负,且都在1%的显著性水平下显著,表明年龄越大的企业在一定程度上有更低的知识生产效率;所有制的系数在大部分模型中为正,说明国有企业能够取得更高的知识生产效率;反映企业所属行业类型的控制变量系数在以上模型中大部分都不显著。

如表7.5所示,本书在对区域级联盟对于企业规模和知识商业化效率之间关系的调节作用进行实证检验时,将控制变量、自变量与调节变量分别加入回归模型中:模型1中包含所有制、政府资金支持、企业年龄、企业行业类型等控制变量;模型2中的自变量为企业规模,检验的是与因变量企业知识商业化效率之间的线性关系;模型3中的自变量是企业规模与区域级联盟的乘积项,检验的是区域级联盟对于企业规模与企业知识商业化效率之间关系的调节作用。从以上3个模型的回归结果中可以发现,企业规模的系数无论是在单独作为自变量的模型2中,还是在联盟层面的完整模型3中都为正,且在1%的显著性水平下显著($\beta=0.057$; $\beta=0.056$);区域级联盟的系数在模型3中为0.019且在5%的显著性水平下显著;企业规模与区域级联盟的乘积项在模型3中有负的系数($\beta=-0.012$),且在10%的显著性水平下显著,说明企业加入较多区域级联盟的行为会弱化企业规模与知识商业化效率之间的正向关系。模型3的总体解释力(R^2)在13.49%左右。

由于区域级联盟对企业规模与知识商业化效率之间关系的调节作用可能会受到企业技术并购行为、企业所处园区类型等因素的影响,因而在模型4~7中对技术并购与园区层面的变量进行了控制,也在模型中综合考虑了其他层面的变量与企业规模的交互作用,并将全模型中的区域级联盟与企业规模的交互项系数与模型3中的系数和显著性作对比,以确定区域级联盟的调节作用是否稳健。从模型7中可以发现,企业规模与知识商业化效率之间有正向的关系,且在1%的显著性水平下显著($\beta=0.105$),区域级联盟与企业规模的交互项对知识商业化效率的影响不显著。以上统计检验表明,在综合考虑到技术并购与园区层面的影响因素的情况下,企业加入较多区域级联盟的行为对企业规模与知识商业化效率之间的正向关系没有显著影响。

控制变量的回归结果在模型1~7中较为一致,且回归系数的大小也比较接近,表明回归检验的稳健性较好。其中,企业年龄的系数都为正,但只在模型1中在1%的显著性水平下显著,表明企业年龄与知识商业化效率之间的关系并不明显;所有制的系数在所有模型中都为正,且在1%的显著性水平下显著,说明国有企业普遍能够取得更高的知识商业化效率;政府资金支持在大部分模型中都不显著,表明受到政府资助的企业并不一定有更高的知识商业化效率;反映企业所属行业类型的控制变量系数在以上模型中大部分都不显著。

表7.5 企业所加入的区域级联盟对企业知识商业化效率作用模型的回归结果

区域级联盟	知识商业化效率(Xtreg re)						
	模型1	模型2	模型3	模型4	模型5	模型6	模型7
所有制	0.067***	0.027***	0.025***	0.054***	0.031***	0.030***	0.030***
	(0.007)	(0.008)	(0.008)	(0.008)	(0.008)	(0.008)	(0.008)
政府资金支持(log)	0.001	−0.001	−0.002	0.001	−0.002	−0.002	−0.002*
	(0.001)	(0.001)	(0.001)	(0.001)	(0.001)	(0.001)	(0.001)
企业年龄	0.012***	0.001	0.001	0.006	0.001	0.001	0.005
	(0.004)	(0.004)	(0.004)	(0.004)	(0.004)	(0.004)	(0.004)
服务业	−0.116***	−0.087**	−0.087**	−0.076*	−0.069*	−0.067*	−0.043
	(0.039)	(0.038)	(0.038)	(0.041)	(0.040)	(0.040)	(0.040)
制造业	−0.056	−0.018	−0.019	−0.039	−0.017	−0.016	0.010
	(0.039)	(0.038)	(0.038)	(0.039)	(0.038)	(0.038)	(0.038)
邮电业	0.181***	0.213***	0.202***	0.178***	0.200***	0.200***	0.210***
	(0.068)	(0.066)	(0.066)	(0.068)	(0.067)	(0.066)	(0.066)
零售业	−0.114***	−0.065	−0.064	−0.102**	−0.061	−0.059	−0.009
	(0.042)	(0.041)	(0.041)	(0.041)	(0.041)	(0.041)	(0.041)
技术并购				0.031***	−0.047***	−0.048***	−0.031**
				(0.008)	(0.011)	(0.011)	(0.015)
成熟期园区				−0.039*	−0.041*	−0.040*	−0.036*
				(0.022)	(0.022)	(0.022)	(0.022)
成长期园区				−0.011	−0.019	−0.018	−0.016
				(0.022)	(0.022)	(0.022)	(0.022)
园区行业聚集度				−0.092***	−0.069**	−0.065*	−0.051
				(0.035)	(0.035)	(0.035)	(0.034)
区域级联盟			0.019**	0.021***	0.014**	0.023***	0.020**
			(0.008)	(0.006)	(0.006)	(0.008)	(0.008)
国家级联盟				0	−0.007	−0.006	0.011
				(0.005)	(0.005)	(0.005)	(0.009)
产学研联盟				−0.012	−0.008	−0.009	−0.008
				(0.009)	(0.008)	(0.008)	(0.011)
企业规模		0.057***	0.056***		0.073***	0.074***	0.105***
		(0.005)	(0.005)		(0.006)	(0.006)	(0.008)

续表

区域级联盟	知识商业化效率(Xtreg re)						
	模型1	模型2	模型3	模型4	模型5	模型6	模型7
规模*技术并购							−0.028*
							(0.015)
规模*成熟期园区							0.005
							(0.029)
规模*成长期园区							0.013
							(0.029)
规模*园区行业聚集度							−0.192***
							(0.029)
规模*区域级联盟			−0.012*			−0.012	0.001
			(0.007)			(0.007)	(0.007)
规模*国家级联盟							−0.017**
							(0.007)
规模*产学研联盟							−0.002
							(0.010)
常数项	0.457***	0.321***	0.322***	0.481***	0.334***	0.329***	0.220***
	(0.039)	(0.040)	(0.040)	(0.045)	(0.046)	(0.046)	(0.048)
N	2 750	2 750	2 750	2 749	2 749	2 749	2 749
R^2	0.089 3	0.133 1	0.134 9	0.105 1	0.145 8	0.146 7	0.164 7
Chi^2	268.84	421.02	427.10	321.19	466.64	469.57	537.67

注：1. *表示 p 值<0.1，**表示 p 值<0.05，***表示 p 值<0.01。

2. 括号中的数值均为稳健标准差，以消除异方差或自相关问题的可能影响。

3. 根据 Hausman 检验的结果，采用随机效应模型。

本书也加入了采用 Xttobit 回归的模型作为稳健性检验。检验结果如表 7.6 所示，所有模型的 Wald Chi^2 值依旧非常显著（$p<0.01$）。在知识生产效率的模型中，企业规模的系数为负且在 1% 的显著性水平下显著（$\beta=-0.109$），企业规模与区域级联盟的交互项为正，但是不显著；在知识商业化效率的模型中，企业规模的系数为正且在 1% 的显著性水平下显著（$\beta=0.056$），企业规模与区域级联盟的交互项为负但是不显著。这两个 Xttobit 模型与包含相同变量的前两个模型结果基本一致，所有变量系数的符号、显著性都保持不变，系数也较为接近，因此以上对于回归结果的分析较为稳健。

表 7.6 企业所加入的区域级联盟对企业效率作用模型的稳健性检验

区域级联盟	Xttobit	
	知识生产效率	知识商业化效率
所有制	0.021*	0.026***
	(0.011)	(0.008)
政府资金支持	0.004**	−0.002*
	(0.002)	(0.001)
企业年龄	−0.018***	0.001
	(0.006)	(0.004)
服务业	−0.012	−0.088**
	(0.054)	(0.039)
制造业	−0.100*	−0.02
	(0.054)	(0.039)
邮电业	−0.036	0.213***
	(0.094)	(0.068)
零售业	0.014	−0.064
	(0.057)	(0.041)
区域级联盟	0.020*	0.019**
	(0.011)	(0.008)
企业规模	−0.109***	0.056***
	(0.007)	(0.005)
规模*区域级联盟	0.024	−0.011
	(0.01)	(0.007)
常数项	0.502***	0.076*
	(0.06)	(0.041)
N	2 750	2 750
Chi²	439.14	385.75

注:1. *表示 p 值<0.1,**表示 p 值<0.05,***表示 p 值<0.01。
   2. 括号中的数值均为稳健标准差,以消除异方差或自相关问题的可能影响。

如表 7.7 所示,本书在对产学研联盟对于企业规模与知识生产效率之间关系的调节作用进行实证检验时,将控制变量、自变量与调节变量分别加入回归模型中:模型 1 中包含所有制、政府资金支持、企业年龄、企业行业类型等控制变量;模型 2 中的自变量为企业规模,检验的是与因变量企业知识生产效率之间的线性关系;模型 3 中的自变量是企业规模与产学研联盟的乘积项,检验的是产学研联盟对于企业规模与企业知识生产效率之间关系的调节作用。

从以上3个模型的回归结果中可以发现,企业规模的系数无论是在单独作为自变量的模型2中,还是在联盟层面的完整模型3中都为负,且在1%的显著性水平下显著($\beta=-0.101$;$\beta=-0.103$);产学研联盟的系数在模型3中为0.023且在10%的显著性水平下显著;企业规模与产学研联盟的乘积项在模型3中有正的系数($\beta=0.027$),且在5%的显著性水平下显著,说明企业较多地加入产学研联盟会弱化企业规模与知识生产效率之间的负向关系。模型3的总体解释力(R^2)在11.97%左右。

由于产学研联盟对于企业规模与知识生产效率之间关系的调节作用可能会受到企业技术并购行为、企业所处园区类型等因素的影响,因而在模型4~7中对技术并购与园区层面的变量进行了控制,也在模型中综合考虑了其他层面的变量与企业规模的交互作用,并将全模型中的产学研联盟与企业规模的交互项系数与模型3中的系数和显著性作对比,以确定产学研联盟的调节作用是否稳健。从模型7中可以发现,企业规模与知识生产效率之间有负向的关系,且在1%的显著性水平下显著($\beta=-0.133$),产学研联盟与企业规模的交互项对知识生产效率有正向的影响($\beta=0.033$),且在5%的显著性水平下显著。以上统计检验表明,在综合考虑到技术并购与园区层面的影响因素的情况下,企业加入较多产学研联盟会弱化企业规模与知识生产效率之间的负向关系。

控制变量的回归结果在模型1~7中较为一致,且回归系数的大小也比较接近,表明回归检验的稳健性较好。其中,企业年龄的系数都为负,且都在1%的显著性水平下显著,表明年龄越大的企业在一定程度上有更低的知识生产效率;所有制的系数在大部分模型中为正,说明国有企业能够取得更高的知识生产效率;反映企业所属行业类型的控制变量系数在以上模型中大部分都不显著。

表7.7 企业所加入的产学研联盟对企业知识生产效率作用模型的回归结果

产学研联盟	知识生产效率(Xtreg fe)						
	模型1	模型2	模型3	模型4	模型5	模型6	模型7
所有制	−0.046***	0.025**	0.022**	−0.027**	0.016	0.020*	0.023**
	(0.010)	(0.010)	(0.010)	(0.010)	(0.010)	(0.010)	(0.010)
政府资金支持(log)	0.001	0.005***	0.004**	0.001	0.003**	0.003*	0.002
	(0.002)	(0.002)	(0.002)	(0.002)	(0.002)	(0.002)	(0.002)
企业年龄	−0.035***	−0.018***	−0.017***	−0.027***	−0.019***	−0.018***	−0.022***
	(0.005)	(0.005)	(0.005)	(0.006)	(0.005)	(0.005)	(0.005)
服务业	0.058	0.005	0.004	0.024	0.003	0.004	0.026
	(0.054)	(0.052)	(0.052)	(0.056)	(0.054)	(0.054)	(0.054)

续 表

产学研联盟	知识生产效率(Xtreg fe)						
	模型1	模型2	模型3	模型4	模型5	模型6	模型7
制造业	−0.016	−0.087*	−0.088*	−0.047	−0.091*	−0.090*	−0.064
	(0.054)	(0.052)	(0.052)	(0.054)	(0.052)	(0.052)	(0.052)
邮电业	0.061	0.005	−0.014	0.006	−0.031	−0.032	0.016
	(0.094)	(0.090)	(0.090)	(0.094)	(0.090)	(0.090)	(0.090)
零售业	0.114**	0.026	0.025	0.088	0.015	0.012	0.035
	(0.057)	(0.055)	(0.055)	(0.057)	(0.055)	(0.055)	(0.056)
技术并购				−0.079***	0.060***	0.056***	−0.017
				(0.011)	(0.015)	(0.014)	(0.020)
成熟期园区				−0.027	−0.017	−0.02	−0.034
				(0.031)	(0.030)	(0.029)	(0.030)
成长期园区				−0.031	−0.013	−0.015	−0.027
				(0.030)	(0.029)	(0.029)	(0.029)
园区行业聚集度				0.011	−0.013	−0.019	−0.022
				(0.050)	(0.048)	(0.048)	(0.048)
区域级联盟				0.020**	0.032***	0.033***	0.029***
				(0.009)	(0.008)	(0.008)	(0.011)
国家级联盟				−0.004	0.008	0.008	−0.015
				(0.007)	(0.007)	(0.007)	(0.012)
产学研联盟			0.023*	0.024**	0.017	−0.015	0.001
			(0.012)	(0.012)	(0.012)	(0.014)	(0.015)
企业规模		−0.101***	−0.103***		−0.131***	−0.131***	−0.133***
		(0.007)	(0.007)		(0.009)	(0.009)	(0.011)
规模*技术并购							0.102***
							(0.020)
规模*成熟期园区							0.079**
							(0.039)
规模*成长期园区							0.096**
							(0.039)
规模*园区行业聚集度							−0.089**
							(0.039)

续 表

产学研联盟	知识生产效率(Xtreg fe)						
	模型 1	模型 2	模型 3	模型 4	模型 5	模型 6	模型 7
规模*区域级联盟							0.009
							(0.010)
规模*国家级联盟							0.019**
							(0.010)
规模*产学研联盟			0.027**			0.052***	0.033**
			(0.012)			(0.012)	(0.013)
常数项	0.524***	0.772***	0.774***	0.580***	0.844***	0.847***	0.838***
	(0.055)	(0.055)	(0.055)	(0.062)	(0.062)	(0.062)	(0.066)
N	2 750	2 750	2 750	2 749	2 749	2 749	2 749
R^2	0.053 7	0.115 5	0.119 7	0.071 3	0.123 4	0.128 7	0.139 6

注：1. *表示 p 值<0.1，**表示 p 值<0.05，***表示 p 值<0.01。
　　2. 括号中的数值均为稳健标准差，以消除异方差或自相关问题的可能影响。
　　3. 根据 Hausman 检验的结果，采用固定效应模型。

如表 7.8 所示，本书在对产学研联盟对于企业规模与知识商业化效率之间关系的调节作用进行实证检验时，将控制变量、自变量与调节变量分别加入回归模型中：模型 1 中包含所有制、政府资金支持、企业年龄、企业行业类型等控制变量；模型 2 中的自变量为企业规模，检验的是与因变量企业知识商业化效率之间的线性关系；模型 3 中的自变量是企业规模与产学研联盟的乘积项，检验的是产学研联盟对于企业规模与企业知识商业化效率之间关系的调节作用。从以上 3 个模型的回归结果中可以发现，企业规模的系数无论是在单独作为自变量的模型 2 中，还是在联盟层面的完整模型 3 中都为正，且在 1% 的显著性水平下显著（$\beta=0.057$；$\beta=0.057$）；产学研联盟的系数在模型 3 中为 0.009 且不显著；企业规模与产学研联盟的乘积项在模型 3 中有负的系数（$\beta=-0.013$），但是不显著，说明企业加入较多产学研联盟的行为并不会弱化企业规模与知识商业化效率之间的正向关系。模型 3 的总体解释力（R^2）在 13.39% 左右。

由于产学研联盟对于企业规模与知识商业化效率之间关系的调节作用可能会受到企业技术并购行为、企业所处园区类型等因素的影响，因而在模型 4～7 中对技术并购与园区层面的变量进行了控制，也在模型中综合考虑了其他层面的变量与企业规模的交互作用，并将全模型中的产学研联盟与企业规模的交互项系数与模型 3 中的系数和显著性作对比，以确定产学研联盟的调节作用是否稳健。从模型 7 中可以发现，企业规模与知识商业化效率之间有正向的关系，且在 1% 的显著性水平下显著（$\beta=0.105$），产学研联盟与企业规模的交互项对知识商业化效率的影响不显著。以上统计检验表明,在综合考虑到技术并购与园区层面的影响因素的情况下,企业加入较多产学研联盟的行为对企业规模与知识商业化效率之间的正向关系没有显著影响。

控制变量的回归结果在模型1~7中较为一致,且回归系数的大小也比较接近,表明回归检验的稳健性较好。其中,企业年龄的系数都为正,但只在模型1中在1%的显著性水平下显著,表明企业年龄与知识商业化效率之间的关系并不明显;所有制的系数在所有模型中都为正,且在1%的显著性水平下显著,说明国有企业普遍能够取得更高的知识商业化效率;政府资金支持在大部分模型中都不显著,表明受到政府资助的企业并不一定有更高的知识商业化效率;反映企业所属行业类型的控制变量系数在以上模型中大部分都不显著。

表7.8 企业所加入的产学研联盟对企业知识商业化效率作用模型的回归结果

产学研联盟	知识商业化效率(Xtreg re)						
	模型1	模型2	模型3	模型4	模型5	模型6	模型7
所有制	0.067***	0.027***	0.027***	0.054***	0.031***	0.029***	0.030***
	(0.007)	(0.008)	(0.008)	(0.008)	(0.008)	(0.008)	(0.008)
政府资金支持(log)	0.001	−0.001	−0.001	0.001	−0.002	−0.001	−0.002*
	(0.001)	(0.001)	(0.001)	(0.001)	(0.001)	(0.001)	(0.001)
企业年龄	0.012***	0.001	0.001	0.006	0.001	0.001	0.005
	(0.004)	(0.004)	(0.004)	(0.004)	(0.004)	(0.004)	(0.004)
服务业	−0.116***	−0.087**	−0.087**	−0.076*	−0.069*	−0.069*	−0.043
	(0.039)	(0.038)	(0.038)	(0.041)	(0.040)	(0.040)	(0.040)
制造业	−0.056	−0.018	−0.019	−0.039	−0.017	−0.018	0.010
	(0.039)	(0.038)	(0.038)	(0.039)	(0.038)	(0.038)	(0.038)
邮电业	0.181***	0.213***	0.212***	0.178***	0.200***	0.200***	0.210***
	(0.068)	(0.066)	(0.066)	(0.068)	(0.067)	(0.066)	(0.066)
零售业	−0.114***	−0.065	−0.064	−0.102**	−0.061	−0.06	−0.009
	(0.042)	(0.041)	(0.041)	(0.041)	(0.041)	(0.041)	(0.041)
技术并购				0.031***	−0.047***	−0.046***	−0.031**
				(0.008)	(0.011)	(0.011)	(0.015)
成熟期园区				−0.039*	−0.041*	−0.040*	−0.036*
				(0.022)	(0.022)	(0.022)	(0.022)
成长期园区				−0.011	−0.019	−0.018	−0.016
				(0.022)	(0.022)	(0.022)	(0.022)

第7章 企业加入联盟对企业规模与效率之间关系的影响研究

续 表

产学研联盟	知识商业化效率(Xtreg re)						
	模型1	模型2	模型3	模型4	模型5	模型6	模型7
园区行业聚集度				−0.092***	−0.069**	−0.067*	−0.051
				(0.035)	(0.035)	(0.035)	(0.034)
区域级联盟				0.021***	0.014**	0.014**	0.020**
				(0.006)	(0.006)	(0.006)	(0.008)
国家级联盟				0	−0.007	−0.006	0.011
				(0.005)	(0.005)	(0.005)	(0.009)
产学研联盟			0.009	−0.012	−0.008	0.002	−0.008
			(0.009)	(0.009)	(0.008)	(0.010)	(0.011)
企业规模		0.057***	0.057***		0.073***	0.073***	0.105***
		(0.005)	(0.005)		(0.006)	(0.006)	(0.008)
规模*技术并购							−0.028*
							(0.015)
规模*成熟期园区							0.005
							(0.029)
规模*成长期园区							0.013
							(0.029)
规模*园区行业聚集度							−0.192***
							(0.029)
规模*区域级联盟							0
							(0.007)
规模*国家级联盟							−0.017**
							(0.007)
规模*产学研联盟			−0.013			−0.017	−0.002
			(0.009)			(0.009)	(0.010)
常数项	0.457***	0.321***	0.322***	0.481***	0.334***	0.333***	0.220***
	(0.039)	(0.040)	(0.040)	(0.045)	(0.046)	(0.046)	(0.048)
N	2 750	2 750	2 750	2 749	2 749	2 749	2 749
R^2	0.089 3	0.133 1	0.133 9	0.105 1	0.145 8	0.147	0.164 7
Chi^2	268.84	421.02	423.43	321.19	466.64	470.72	537.67

注：1. *表示 p 值<0.1，**表示 p 值<0.05，***表示 p 值<0.01。

2. 括号中的数值均为稳健标准差，以消除异方差或自相关问题的可能影响。

3. 根据 Hausman 检验的结果，采用随机效应模型。

沿用 Aiken 和 West 的方法,本书进行了简单斜率检验,并且用标准化后的数据生成了斜率,绘制了调节效应的作用图,如图 7.3 所示。当企业加入产学研联盟较少时(-1 SD),企业规模与企业知识生产效率有显著的负相关趋势;当企业加入产学研联盟较多时(+1 SD),企业规模与企业知识生产效率的负相关趋势有所减弱。

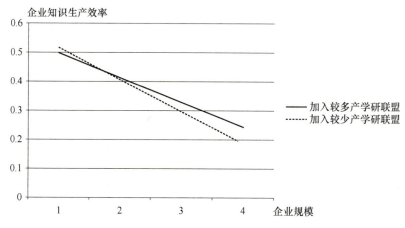

图 7.3　企业加入的产学研联盟对企业知识生产效率的调节作用

本书也加入了采用 Xttobit 回归的模型作为稳健性检验。检验的结果如表 7.9 所示,所有模型的 Wald Chi^2 值依旧非常显著($p<0.01$)。在知识生产效率的模型中,企业规模的系数为负且在 1% 的显著性水平下显著($\beta=-0.106$),企业规模与产学研联盟的交互项为正且在 5% 的显著性水平下显著($\beta=0.028$);在知识商业化效率的模型中,企业规模的系数为正且在 1% 的显著性水平下显著($\beta=0.056$),企业规模与产学研联盟的交互项为负但是不显著($\beta=-0.011$)。这两个 Xttobit 模型与包含相同变量的前两个模型结果基本一致,大部分变量系数的符号、显著性都保持不变,系数也较为接近,因此以上对于回归结果的分析较为稳健。

表 7.9　企业加入的产学研联盟与企业效率模型的稳健性检验

产学研联盟	Xttobit	
	知识生产效率	知识商业化效率
所有制	0.022**	0.028***
	(0.011)	(0.008)
政府资金支持	0.004**	-0.002
	(0.002)	(0.001)
企业年龄	-0.017***	-0.001
	(0.006)	(0.004)

续 表

产学研联盟	Xttobit	
	知识生产效率	知识商业化效率
服务业	0.006	−0.083**
	(0.054)	(0.039)
制造业	−0.088	−0.02
	(0.054)	(0.038)
邮电业	−0.011	0.226***
	(0.094)	(0.067)
零售业	0.029	−0.059
	(0.057)	(0.041)
产学研联盟数	0.024*	0.012
	(0.012)	(0.009)
企业规模	−0.106***	0.056***
	(0.007)	(0.005)
规模*产学研联盟数	0.028**	−0.011
	(0.012)	(0.009)
常数项	0.483***	0.086**
	(0.06)	(0.041)
N	2 749	2 749
Chi^2	434.21	391.08

注：1. *表示 p 值<0.1，**表示 p 值<0.05，***表示 p 值<0.01。
2. 括号中的数值均为稳健标准差，以消除异方差或自相关问题的可能影响。

7.2 本章小结

本章对企业规模对企业效率的影响进行了实证检验，得出了以下结论。首先，企业规模对不同种类的企业效率影响存在一定的差异。从几个模型的回归结果来看，企业规模的增大对企业的知识生产效率均有负向的影响，对企业的知识商业化效率有正向的影响。其次，对于企业所加入的国家级联盟、区域级联盟以及产学研联盟这三个调节变量的分析结果表明：

（1）企业规模与国家级联盟的乘积项在知识生产效率模型中有正的系数且显著，说明企业所加入的国家级联盟会弱化企业规模与知识生产效率之间的负向关系,假设 5a 得到了验证;企业规模与国家级联盟的乘积项在知识商业化模型中有负的系数且显著,说明企业所加入的国家级联盟会弱化企业规模与知识商业化效率之间的正向关系,假设 5b 得到了验证。已有研究表明,联盟成员之间如果具有较低的知识背景近似性、较小的目标市场重合性,比较有利于联盟中合作创新活动的开展(Bouncken et al., 2016)。结合实证研究结果,本书认为,对于技术创新能力较低的大型企业来说,当其加入更多国家级别的企业联盟时,可以从联盟伙伴中获得更多异质性知识和技术,因而有利于其知识生产效率的提升;对于市场资源较为有限的小型企业来说,当其加入较多的国家级联盟时,可以拓宽其市场范围,并避免与同一区域内市场中的同质化产品竞争,因而有利于其知识商业化效率的提升。

(2) 企业规模与区域级联盟的乘积项在知识生产效率模型中有正的系数但不显著。也就是说,当企业加入区域级别的企业联盟时,企业规模与企业知识生产效率之间的负向关系没有受到显著影响,假设 5c 没有得到支持。企业规模与区域级联盟的乘积项在知识商业化效率模型中有负的系数但不显著,说明企业所加入的区域级联盟对于企业规模与企业知识商业化效率之间的正向关系没有明显的影响。也就是说,当企业加入较多的区域级联盟时,企业规模与企业知识商业化效率之间的正向关系不会受到显著的影响,假设 5d 没有得到支持。本书分析认为,区域联盟之所以对于企业规模与创新效率之间关系的调节作用不显著,是由于区域联盟自身的特性造成的。许多关于企业联盟的研究表明,如果企业过于频繁地与固定的联盟伙伴开展合作创新,可能会使企业被局限于某些既定的技术路线,不利于异质性资源的分享和新知识的创造(Zheng et al., 2015;Goerzen, 2010;Laursen et al., 2006;Uzzi et al., 2003),这与本书关于区域联盟作用的结论一致。区域联盟的合作伙伴都处于同一地理范围内,从知识生产的角度来看,联盟成员之间的知识背景较为近似,难以通过合作促进多样化的技术创新;从知识商业化的角度来看,联盟成员之间对于市场资源的竞争很激烈,难以通过合作实现双方经济效益的最大化。

(3) 企业规模与产学研联盟数的乘积项在知识生产效率模型中有正的系数且显著,说明如果企业加入产学研联盟并与更多的高校、科研机构开展合作,会弱化企业规模与知识生产效率之间的负向关系,假设 6a 得到了支持。本书在已有研究的基础上进行了拓展,分析了产学研联盟对于不同规模企业的不同影响作用,发现对于研发能力普遍较低的大型企业来说,加入有较多的高校和科研机构的产学研联盟,有利于其提升知识生产效率(Bstieler et al., 2015)。企业规模与产学研联盟的乘积项在模型中有负的系数但是不显著,说明加入产学研联盟对于企业规模与企业知识商业化效率之间的正向关系没有显著影响,假设 6b 没有得到支持,这与以往的研究结论一致(George et al., 2002)。结合数据分析的结果,本书认为,由于企业加入产学研联盟的主要战略目标是获取高校或科研机构的技术成果,而非获取市场资源或拓展产品市场,因而产学研联盟的调节作用并不显著。

本章实证研究部分对相关研究假设的检验结果详见表 7.10。

表 7.10 企业联盟对企业效率影响的实证研究结果

研究假设	实证检验结果
假设 5:企业加入的联盟级别会对企业规模与效率之间的关系起到调节作用	
假设 5a:当企业加入较多的国家级联盟时,企业规模与企业知识生产效率之间的负向关系更弱	支持
假设 5b:当企业加入较多的国家级联盟时,企业规模与企业知识商业化效率之间的正向关系更弱	支持
假设 5c:当企业加入较多的区域级联盟时,企业规模与企业知识生产效率之间的负向关系更弱	不支持
假设 5d:当企业加入较多的区域级联盟时,企业规模与企业知识商业化效率之间的正向关系更弱	不支持
假设 6:企业规模与企业效率之间的关系受到企业所加入的产学研联盟的调节	
假设 6a:当企业加入较多的产学研联盟时,企业规模与企业知识生产效率之间的负向关系更弱	支持
假设 6b:当企业加入较多的产学研联盟时,企业规模与企业知识商业化效率之间的正向关系更弱	不支持

第8章 企业所处园区对企业规模与效率之间关系的影响研究

8.1 企业所处园区对企业规模与效率之间关系的影响研究模型

本书分别探讨了企业规模对企业知识生产效率、知识商业化效率的影响,以及企业所在园区成熟度和园区行业聚集度的调节作用,对应的回归模型如表8.1、表8.2、表8.4、表8.5所示。

如表8.1所示,本书在对于企业所处园区成熟度对企业规模与知识生产效率之间关系的调节作用进行实证检验时,将控制变量、自变量与调节变量分别加入回归模型中:模型1中包含所有制、政府资金支持、企业年龄、企业行业类型等控制变量;模型2中的自变量为企业规模,检验的是与因变量企业知识生产效率之间的线性关系;模型3中的自变量是企业规模与园区成熟度的乘积项,检验的是园区成熟度对于企业规模与企业知识生产效率之间关系的调节作用。从以上三个模型的回归结果中可以发现,企业规模的系数无论是在单独作为自变量的模型2中,还是在园区层面的完整模型3中都为负,且在1%的水平下显著($\beta=-0.101;\beta=-0.101$);成熟期园区和成长期园区的系数在模型3中分别为$-0.032$和$-0.033$且不显著;企业规模与园区成熟度的乘积项在模型3中有正的系数($\beta=0.097;\beta=0.101$),且在5%的显著性水平下显著,说明园区成熟度的增加会弱化企业规模与知识生产效率之间的负向关系。模型3的总体解释力(R^2)在11.81%左右。

由于园区成熟度对于企业规模与知识生产效率之间关系的调节作用可能会受到企业技术并购、企业加入联盟种类等因素的影响,因而在模型4~7中对联盟与园区层面的变量进行了控制,也在模型中综合考虑了其他层面的变量与企业规模的交互作用,并将全模型中的园区成熟度与企业规模的交互项系数与模型3中的系数和显著性作对比,以确定园区成熟度的调节作用是否稳健。从模型7中可以发现,企业规模与知识生产效率之间有负向的关系,且在1%的显著性水平下显著($\beta=-0.133$),成熟期园区与企业规模的交互项对知识生产效率有正向的影响,且在5%的显著性水平下显著($\beta=0.079$);成长期园区与企业规模的交互项对知识生产效率有正向的影响,且在5%的显著性水平下显著($\beta=0.096$)。以上统计检验表明,在综合考虑到技术并购与联盟层面的影响因素的情况下,园区成熟度的增加依然会显著弱化企业规模与知识生产效率之间的负向关系。

控制变量的回归结果在模型1~7中较为一致,且回归系数的大小也比较接近,表明回归检验的稳健性较好。其中,企业年龄的系数都为负,且都在1%的显著性水平下显著,表明年龄越大的企业在一定程度上有更低的知识生产效率;所有制的系数在大部分模型中都为正且显著,说明国有企业能够取得更高的知识生产效率;反映企业所属行业类型的控制变量系数在以上模型中大部分都不显著。

表8.1 企业所处园区成熟度对企业知识生产效率作用模型的回归结果

园区成熟度	知识生产效率(Xtreg fe)						
	模型1	模型2	模型3	模型4	模型5	模型6	模型7
所有制	−0.046***	0.025**	0.025**	−0.027**	0.016	0.016	0.023**
	(0.010)	(0.010)	(0.010)	(0.010)	(0.010)	(0.010)	(0.010)
政府资金支持(log)	0.001	0.005***	0.005***	0.001	0.003**	0.003**	0.002
	(0.002)	(0.002)	(0.002)	(0.002)	(0.002)	(0.002)	(0.002)
企业年龄	−0.035***	−0.018***	−0.018***	−0.027***	−0.019***	−0.020***	−0.022***
	(0.005)	(0.005)	(0.005)	(0.006)	(0.005)	(0.005)	(0.005)
服务业	0.058	0.005	0.006	0.024	0.003	0.006	0.026
	(0.054)	(0.052)	(0.052)	(0.056)	(0.054)	(0.054)	(0.054)
制造业	−0.016	−0.087*	−0.086*	−0.047	−0.091*	−0.089*	−0.064
	(0.054)	(0.052)	(0.052)	(0.054)	(0.052)	(0.052)	(0.052)
邮电业	0.061	0.005	0.006	0.006	−0.031	−0.03	0.016
	(0.094)	(0.090)	(0.090)	(0.094)	(0.090)	(0.090)	(0.090)
零售业	0.114**	0.026	0.027	0.088	0.015	0.016	0.035
	(0.057)	(0.055)	(0.055)	(0.057)	(0.055)	(0.055)	(0.056)
技术并购				−0.079***	0.060***	0.061***	−0.017
				(0.011)	(0.015)	(0.015)	(0.020)
成熟期园区			−0.032	−0.027	−0.017	−0.028	−0.034
			(0.030)	(0.031)	(0.030)	(0.030)	(0.030)
成长期园区			−0.033	−0.031	−0.013	−0.025	−0.027
			(0.030)	(0.030)	(0.029)	(0.030)	(0.029)
园区行业聚集度				0.011	−0.013	−0.017	−0.022
				(0.050)	(0.048)	(0.048)	(0.048)

续　表

园区成熟度	知识生产效率(Xtreg fe)						
	模型1	模型2	模型3	模型4	模型5	模型6	模型7
区域级联盟				0.020**	0.032***	0.032***	0.029***
				(0.009)	(0.008)	(0.008)	(0.011)
国家级联盟				−0.004	0.008	0.008	−0.015
				(0.007)	(0.007)	(0.007)	(0.012)
产学研联盟				0.024**	0.017	0.017	0.001
				(0.012)	(0.012)	(0.012)	(0.015)
企业规模		−0.101***	−0.101***		−0.131***	−0.132***	−0.133***
		(0.007)	(0.007)		(0.009)	(0.009)	(0.011)
规模*技术并购							0.102***
							(0.020)
规模*成熟期园区			0.097**			0.097**	0.079**
			(0.039)			(0.039)	(0.039)
规模*成长期园区			0.101**			0.107***	0.096**
			(0.039)			(0.039)	(0.039)
规模*园区行业聚集度							−0.089**
							(0.039)
规模*区域级联盟							0.009
							(0.010)
规模*国家级联盟							0.019**
							(0.010)
规模*产学研联盟							0.033**
							(0.013)
常数项	0.524***	0.772***	0.803***	0.580***	0.844***	0.856***	0.838***
	(0.055)	(0.055)	(0.062)	(0.062)	(0.062)	(0.063)	(0.066)
N	2 750	2 750	2 749	2 749	2 749	2 749	2 749
R^2	0.053 7	0.115 5	0.118 1	0.071 3	0.123 4	0.125 9	0.139 6

注：1. *表示 p 值<0.1，**表示 p 值<0.05，***表示 p 值<0.01。

2. 括号中的数值均为稳健标准差，以消除异方差或自相关问题的可能影响。

3. 根据 Hausman 检验的结果，采用固定效应模型。

如表 8.2 所示，本书在对园区成熟度对企业规模与知识商业化效率之间关系的调节作用进行实证检验时，将自变量与调节变量分别加入回归模型中：模型 1

中包含所有制、政府资金支持、企业年龄、企业行业类型等控制变量;模型 2 中的自变量为企业规模,检验的是与因变量企业知识商业化效率之间的线性关系;模型 3 中的自变量是企业规模与园区成熟度的乘积项,检验的是园区成熟度对于企业规模与企业知识商业化效率之间关系的调节作用。从以上 3 个模型的回归结果中可以发现,企业规模的系数无论是在单独作为自变量的模型 2 中,还是在园区层面的完整模型 3 中都为正,且在 1% 的水平下显著($\beta=0.057$;$\beta=0.056$);园区成熟度的系数在模型 3 中不显著;企业规模与园区成熟度的乘积项在模型 3 中不显著,说明园区成熟度的增加并不会弱化企业规模与知识商业化效率之间的正向关系。模型 3 的总体解释力(R^2)在 13.62% 左右。

表 8.2 企业所处园区成熟度对企业知识商业化效率作用模型的回归结果

园区成熟度	知识商业化效率(Xtreg re)						
	模型 1	模型 2	模型 3	模型 4	模型 5	模型 6	模型 7
所有制	0.067***	0.027***	0.028***	0.054***	0.031***	0.031***	0.030***
	(0.007)	(0.008)	(0.008)	(0.008)	(0.008)	(0.008)	(0.008)
政府资金支持(log)	0.001	−0.001	−0.001	0	−0.002	−0.002	−0.002*
	(0.001)	(0.001)	(0.001)	(0.001)	(0.001)	(0.001)	(0.001)
企业年龄	0.012***	0.001	0.001	0.006	0.001	0.001	0.005
	(0.004)	(0.004)	(0.004)	(0.004)	(0.004)	(0.004)	(0.004)
服务业	−0.116***	−0.087**	−0.083**	−0.076*	−0.069*	−0.069*	−0.043
	(0.039)	(0.038)	(0.038)	(0.041)	(0.040)	(0.040)	(0.040)
制造业	−0.056	−0.018	−0.019	−0.039	−0.017	−0.017	0.010
	(0.039)	(0.038)	(0.038)	(0.039)	(0.038)	(0.038)	(0.038)
邮电业	0.181***	0.213***	0.217***	0.178***	0.200***	0.199***	0.210***
	(0.068)	(0.066)	(0.066)	(0.068)	(0.067)	(0.067)	(0.066)
零售业	−0.114***	−0.065	−0.062	−0.102**	−0.061	−0.062	−0.009
	(0.042)	(0.041)	(0.041)	(0.041)	(0.041)	(0.041)	(0.041)
技术并购				0.031***	−0.047***	−0.047***	−0.031**
				(0.008)	(0.011)	(0.011)	(0.015)
成熟期园区			−0.035	−0.039*	−0.041*	−0.043**	−0.036*
			(0.022)	(0.022)	(0.022)	(0.022)	(0.022)
成长期园区			−0.017	−0.011	−0.019	−0.021	−0.016
			(0.022)	(0.022)	(0.022)	(0.022)	(0.022)
园区行业聚集度				−0.092***	−0.069**	−0.070**	−0.051
				(0.035)	(0.035)	(0.035)	(0.034)

续表

园区成熟度	知识商业化效率(Xtreg re)						
	模型1	模型2	模型3	模型4	模型5	模型6	模型7
区域级联盟				0.021***	0.014**	0.015**	0.020**
				(0.006)	(0.006)	(0.006)	(0.008)
国家级联盟				0	−0.007	−0.007	0.011
				(0.005)	(0.005)	(0.005)	(0.009)
产学研联盟				−0.012	−0.008	−0.008	−0.008
				(0.009)	(0.008)	(0.008)	(0.011)
企业规模		0.057***	0.056***		0.073***	0.073***	0.105***
		(0.005)	(0.005)		(0.006)	(0.006)	(0.008)
规模*技术并购							−0.028*
							(0.015)
规模*成熟期园区			0.018			0.015	0.005
			(0.029)			(0.029)	(0.029)
规模*成长期园区			0.026			0.024	0.013
			(0.029)			(0.029)	(0.029)
规模*园区行业聚集度							−0.192***
							(0.029)
规模*区域级联盟							0
							(0.007)
规模*国家级联盟							−0.017**
							(0.007)
规模*产学研联盟							−0.002
							(0.010)
常数项	0.457***	0.321***	0.351***	0.481***	0.334***	0.337***	0.220***
	(0.039)	(0.040)	(0.046)	(0.045)	(0.046)	(0.046)	(0.048)
N	2 750	2 750	2 749	2 749	2 749	2 749	2 749
R^2	0.089 3	0.133 1	0.136 2	0.105 1	0.145 8	0.146 4	0.164 7
Chi^2	268.84	421.02	431.42	321.19	466.64	468.35	537.67

注:1. *表示 p 值<0.1,**表示 p 值<0.05,***表示 p 值<0.01。

2. 括号中的数值均为稳健标准差,以消除异方差或自相关问题的可能影响。

3. 根据 Hausman 检验的结果,采用随机效应模型。

由于园区成熟度对于企业规模与知识商业化效率之间关系的调节作用可能

会受到企业技术并购行为、企业加入联盟种类等因素的影响,因而在模型4~7中对技术并购与联盟层面的变量进行了控制,也在模型中综合考虑了其他层面的变量与企业规模的交互作用,并将全模型中的园区成熟度与企业规模的交互项系数与模型3中的系数和显著性作对比,以确定园区成熟度的调节作用是否稳健。从模型6中可以发现,企业规模与知识商业化效率之间有正向的关系,且在1%的显著性水平下显著($\beta=0.073$),园区成熟度与企业规模的交互项对知识商业化效率有正向的影响且不显著;从模型7中可以发现,企业规模与知识商业化效率之间有正向的关系,且在1%的显著性水平下显著($\beta=0.105$),园区成熟度与企业规模的交互项对知识商业化效率有正向的影响且不显著。以上统计检验表明,在综合考虑到技术并购与联盟层面的影响因素的情况下,企业所处园区成熟度的增加并不会显著弱化企业规模与知识商业化效率之间的正向关系。

控制变量的回归结果在模型1~7中较为一致,且回归系数的大小也比较接近,表明回归检验的稳健性较好。其中,企业年龄的系数都为正,但只在模型1中在1%的显著性水平下显著,表明企业年龄与知识商业化效率之间的关系并不明显;所有制的系数在所有模型中都为正,且在1%的显著性水平下显著,说明国有企业普遍能够取得更高的知识商业化效率;政府资金支持在大部分模型中都不显著,表明受到政府资助的企业并不一定有更高的知识商业化效率;反映企业所属行业类型的控制变量系数在以上模型中大部分都不显著。

本书也加入了采用Xttobit回归的模型作为稳健性检验,检验结果如表8.3所示。在知识生产效率的模型中,企业规模的系数为负且在1%的显著性水平下显著($\beta=-0.103$),企业规模与成熟期园区的交互项为正且在1%的显著性水平下显著($\beta=0.107$),企业规模与成长期园区的交互项为正且在1%的显著性水平下显著($\beta=0.111$);在知识商业化效率的模型中,企业规模的系数为正且在1%的显著性水平下显著($\beta=0.056$),企业规模与成熟期园区的交互项为正且不显著,企业规模与成长期园区的交互项为正且不显著。这两个Xttobit模型与包含相同变量的前两个模型结果基本一致,大部分变量的符号、显著性都保持不变,系数也较为接近,因此以上对于回归结果的分析较为稳健。

表8.3 企业所在园区成熟度对企业效率作用模型的稳健性检验

园区成立时间	Xttobit	
	知识生产效率	知识商业化效率
所有制	0.025**	0.029***
	(0.011)	(0.008)
政府资金支持	0.002**	−0.001
	(0.001)	(0.001)

续表

园区成立时间	Xttobit	
	知识生产效率	知识商业化效率
企业年龄	−0.002***	0
	(0.001)	(0.001)
服务业	0.008	−0.083**
	(0.054)	(0.039)
制造业	−0.085	−0.02
	(0.054)	(0.038)
邮电业	0.01	0.228***
	(0.094)	(0.067)
零售业	0.03	−0.062
	(0.058)	(0.041)
成熟期园区	−0.037	−0.033
	(0.031)	(0.022)
成长期园区	−0.038	−0.016
	(0.031)	(0.022)
企业规模	−0.103***	0.056***
	(0.007)	(0.005)
规模 * 成熟期园区	0.107***	0.019
	(0.041)	(0.029)
规模 * 成长期园区	0.111***	0.026
	(0.041)	(0.029)
常数项	0.526***	0.097**
	(0.067)	(0.046)
N	2 749	2 749
Chi^2	368.61	390.51

注：1. * 表示 p 值<0.1，** 表示 p 值<0.05，*** 表示 p 值<0.01。
　　2. 括号中的数值均为稳健标准差，以消除异方差或自相关问题的可能影响。

本书用标准化后的数据生成了斜率，绘制了调节效应的作用图，如图 8.1 所示。当企业处于成熟度较低的科技园区时（−1 SD），企业规模与企业知识生产效率有显著的负相关趋势；当企业处于成熟度较高的科技园区时（+1 SD），企业规模与企业知识生产效率的负相关趋势有所减弱。

第8章 企业所处园区对企业规模与效率之间关系的影响研究

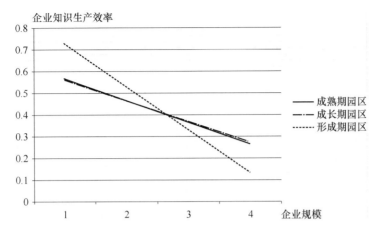

图8.1 企业所处园区成熟度对企业知识生产效率的调节作用

如表8.4所示,本书在对于园区行业聚集度对企业规模与知识生产效率之间关系的调节作用进行实证检验时,将自变量与调节变量分别加入回归模型中:模型1中包含所有制、政府资金支持、企业年龄、企业行业等控制变量;模型2中的自变量为企业规模,检验的是与因变量企业知识生产效率之间的线性关系;模型3中的自变量是企业规模与园区行业聚集度的乘积项,检验的是园区行业聚集度对企业规模与企业知识生产效率之间关系的调节作用。从以上3个模型的回归结果中可以发现,企业规模的系数无论是在单独作为自变量的模型2中,还是在园区层面的完整模型3中都为负,且在1%的水平下显著($\beta=-0.101$;$\beta=-0.092$);园区行业聚集度的系数在模型3中为-0.004且不显著;企业规模与园区行业聚集度的乘积项在模型3中有负的系数($\beta=-0.067$),且在10%的显著性水平下显著,说明园区行业聚集度的增加会强化企业规模与知识生产效率之间的负向关系。模型3的总体解释力(R^2)在11.64%左右。

表8.4 企业所处园区行业聚集度对企业知识生产效率作用模型的回归结果

行业聚集度	知识生产效率(Xtreg fe)						
	模型1	模型2	模型3	模型4	模型5	模型6	模型7
所有制	-0.046***	0.025**	0.026**	-0.027**	0.016	0.017	0.023**
	(0.010)	(0.010)	(0.010)	(0.010)	(0.010)	(0.010)	(0.010)
政府资金支持(log)	0.001	0.005***	0.004***	0.001	0.003**	0.003**	0.002
	(0.002)	(0.002)	(0.002)	(0.002)	(0.002)	(0.002)	(0.002)
企业年龄	-0.035***	-0.018***	-0.017***	-0.027***	-0.019***	-0.018***	-0.022***
	(0.005)	(0.005)	(0.005)	(0.006)	(0.005)	(0.005)	(0.005)

续表

行业聚集度	知识生产效率(Xtreg fe)						
	模型1	模型2	模型3	模型4	模型5	模型6	模型7
服务业	0.058	0.005	0.018	0.024	0.003	0.015	0.026
	(0.054)	(0.052)	(0.054)	(0.056)	(0.054)	(0.054)	(0.054)
制造业	−0.016	−0.087*	−0.075	−0.047	−0.091*	−0.078	−0.064
	(0.054)	(0.052)	(0.052)	(0.054)	(0.052)	(0.052)	(0.052)
邮电业	0.061	0.005	0.017	0.006	−0.031	−0.02	0.016
	(0.094)	(0.090)	(0.090)	(0.094)	(0.090)	(0.091)	(0.090)
零售业	0.114**	0.026	0.044	0.088	0.015	0.037	0.035
	(0.057)	(0.055)	(0.057)	(0.057)	(0.055)	(0.056)	(0.056)
技术并购				−0.079***	0.060***	0.058***	−0.017
				(0.011)	(0.015)	(0.015)	(0.020)
成熟期园区				−0.027	−0.017	−0.015	−0.034
				(0.031)	(0.030)	(0.029)	(0.030)
成长期园区				−0.031	−0.013	−0.012	−0.027
				(0.030)	(0.029)	(0.029)	(0.029)
园区行业聚集度			−0.004	0.011	−0.013	−0.008	−0.022
			(0.046)	(0.050)	(0.048)	(0.048)	(0.048)
区域级联盟				0.020**	0.032***	0.034***	0.029***
				(0.009)	(0.008)	(0.008)	(0.011)
国家级联盟				−0.004	0.008	0.008	−0.015
				(0.007)	(0.007)	(0.007)	(0.012)
产学研联盟				0.024**	0.017	0.017	0.001
				(0.012)	(0.012)	(0.012)	(0.015)
企业规模		−0.101***	−0.092***		−0.131***	−0.119***	−0.133***
		(0.007)	(0.009)		(0.009)	(0.011)	(0.011)
规模*技术并购							0.102***
							(0.020)
规模*成熟期园区							0.079**
							(0.039)
规模*成长期园区							0.096**
							(0.039)

续 表

行业聚集度	知识生产效率(Xtreg fe)						
	模型1	模型2	模型3	模型4	模型5	模型6	模型7
规模*园区行业聚集度			−0.067*			−0.080**	−0.089**
			(0.039)			(0.039)	(0.039)
规模*区域级联盟							0.009
							(0.010)
规模*国家级联盟							0.019**
							(0.010)
规模*产学研联盟							0.033**
							(0.013)
常数项	0.524***	0.772***	0.737***	0.580***	0.844***	0.800***	0.838***
	(0.055)	(0.055)	(0.059)	(0.062)	(0.062)	(0.066)	(0.066)
N	2 750	2 750	2 750	2 749	2 749	2 749	2 749
R^2	0.053 7	0.115 5	0.116 4	0.071 3	0.123 4	0.124 6	0.139 6

注：1. *表示 p 值<0.1，**表示 p 值<0.05，***表示 p 值<0.01。
2. 括号中的数值均为稳健标准差，以消除异方差或自相关问题的可能影响。
3. 根据 Hausman 检验的结果，采用固定效应模型。

由于园区行业聚集度对企业规模与知识生产效率之间关系的调节作用可能会受到企业技术并购、企业加入联盟种类等因素的影响，因而在模型4~7中对联盟与园区层面的变量进行了控制，也在模型中综合考虑了其他层面的变量与企业规模的交互作用，并将全模型中的园区行业聚集度与企业规模的交互项系数与模型3中的系数和显著性作对比，以确定园区行业聚集度的调节作用是否稳健。从模型7中可以发现，企业规模与知识生产效率之间有负向的关系，且在1%的显著性水平下显著（$\beta=-0.133$），园区行业聚集度与企业规模的交互项对知识生产效率有正向的影响，且在5%的显著性水平下显著（$\beta=-0.089$）。以上统计检验表明，在综合考虑到技术并购与联盟层面的影响因素的情况下，园区行业聚集度的增加依然会显著强化企业规模与知识生产效率之间的负向关系。

控制变量的回归结果在模型1~7中较为一致，且回归系数的大小也比较接近，表明回归检验的稳健性较好。其中，企业年龄的系数都为负，且都在1%的显著性水平下显著，表明年龄越大的企业在一定程度上有更低的知识生产效率；所有制的系数在大部分模型中都为正且显著，说明国有企业能够取得更高的知识生产效率；反映企业所属行业类型的控制变量系数在以上模型中大部分都不显著。

如表8.5所示，本书在对于园区行业聚集度对企业规模与知识商业化效率之间关系的调节作用进行实证检验时，将控制变量、自变量与调节变量分别加入回归模型中:模型1中包含各种控制变量;模型2中的自变量为企业规模;模型3中的自变量是企业规模与园区行业聚集度的乘积项。从以上3个模型的回归结果中可以发现,企业规模的系数无论是在单独作为自变量的模型2中,还是在园区层面的完整模型3中都为正,且在1%的水平下显著($\beta=0.057$;$\beta=0.083$);园区行业聚集度的系数在模型3中不显著;企业规模与园区行业聚集度的乘积项在模型3中在1%的显著性水平下显著($\beta=-0.182$),说明园区行业聚集度的增加会弱化企业规模与知识商业化效率之间的正向关系。模型3的总体解释力(R^2)在14.62%左右。

表8.5 企业所处园区行业聚集度对企业知识商业化效率作用模型的回归结果

园区聚集度	知识商业化效率(Xtreg re)						
	模型1	模型2	模型3	模型4	模型5	模型6	模型7
所有制	0.067***	0.027***	0.029***	0.054***	0.031***	0.031***	0.030***
	(0.007)	(0.008)	(0.008)	(0.008)	(0.008)	(0.008)	(0.008)
政府资金支持(log)	0.001	−0.001	−0.002*	0.001	−0.002	−0.002*	−0.002*
	(0.001)	(0.001)	(0.001)	(0.001)	(0.001)	(0.001)	(0.001)
企业年龄	0.012***	0.001	0.003	0.006	0.001	0.003	0.005
	(0.004)	(0.004)	(0.004)	(0.004)	(0.004)	(0.004)	(0.004)
服务业	−0.116***	−0.087**	−0.044	−0.076*	−0.069*	−0.04	−0.043
	(0.039)	(0.038)	(0.040)	(0.041)	(0.040)	(0.040)	(0.040)
制造业	−0.056	−0.018	0.017	−0.039	−0.017	0.014	0.010
	(0.039)	(0.038)	(0.038)	(0.039)	(0.038)	(0.038)	(0.038)
邮电业	0.181***	0.213***	0.245***	0.178***	0.200***	0.228***	0.210***
	(0.068)	(0.066)	(0.066)	(0.068)	(0.067)	(0.066)	(0.066)
零售业	−0.114***	−0.065	−0.014	−0.102**	−0.061	−0.008	−0.009
	(0.042)	(0.041)	(0.041)	(0.041)	(0.041)	(0.041)	(0.041)
技术并购				0.031***	−0.047***	−0.051***	−0.031**
				(0.008)	(0.011)	(0.011)	(0.015)
成熟期园区				−0.039*	−0.041*	−0.038*	−0.036*
				(0.022)	(0.022)	(0.021)	(0.022)
成长期园区				−0.011	−0.019	−0.016	−0.016
				(0.022)	(0.022)	(0.021)	(0.022)
园区行业聚集度			−0.033	−0.092***	−0.069**	−0.056	−0.051
			(0.033)	(0.035)	(0.035)	(0.034)	(0.034)

续表

园区聚集度	知识商业化效率(Xtreg re)						
	模型1	模型2	模型3	模型4	模型5	模型6	模型7
区域级联盟				0.021***	0.014**	0.019***	0.020**
				(0.006)	(0.006)	(0.006)	(0.008)
国家级联盟				0.001	−0.007	−0.006	0.011
				(0.005)	(0.005)	(0.005)	(0.009)
产学研联盟				−0.012	−0.008	−0.007	−0.008
				(0.009)	(0.008)	(0.008)	(0.011)
企业规模		0.057***	0.083***		0.073***	0.102***	0.105***
		(0.005)	(0.006)		(0.006)	(0.008)	(0.008)
规模*技术并购							−0.028*
							(0.015)
规模*成熟期园区							0.005
							(0.029)
规模*成长期园区							0.013
							(0.029)
规模*园区行业聚集度			−0.182***			−0.195***	−0.192***
			(0.029)			(0.029)	(0.029)
规模*区域级联盟							0.001
							(0.007)
规模*国家级联盟							−0.017**
							(0.007)
规模*产学研联盟							−0.002
							(0.010)
常数项	0.457***	0.321***	0.227***	0.481***	0.334***	0.226***	0.220***
	(0.039)	(0.040)	(0.043)	(0.045)	(0.046)	(0.048)	(0.048)
N	2750	2750	2750	2749	2749	2749	2749
R^2	0.0893	0.1331	0.1462	0.1051	0.1458	0.16	0.1647
Chi^2	268.84	421.02	469.01	321.19	466.64	520.57	537.67

注：1. *表示 p 值<0.1，**表示 p 值<0.05，***表示 p 值<0.01。

2. 括号中的数值均为稳健标准差，以消除异方差或自相关问题的可能影响。

3. 根据 Hausman 检验的结果，采用随机效应模型。

由于园区行业聚集度对企业规模与知识商业化效率之间关系的调节作用可

能会受到企业技术并购行为、企业加入联盟种类等因素的影响,因而在模型4～7中对技术并购与联盟层面的变量进行了控制,也在模型中综合考虑了其他层面的变量与企业规模的交互作用,并将全模型中的园区行业聚集度与企业规模的交互项系数与模型3中的系数和显著性作对比,以确定园区行业聚集度的调节作用是否稳健。从模型7中可以发现,企业规模与知识商业化效率之间有正向的关系,且在1%的显著性水平下显著($\beta=0.105$),园区行业聚集度与企业规模的交互项对知识商业化效率有负向的影响且在1%的显著性水平下显著($\beta=-0.192$)。以上统计检验表明,在综合考虑到技术并购与联盟层面的影响因素的情况下,企业所处园区行业聚集度的增加会显著弱化企业规模与知识商业化效率之间的正向关系。

控制变量的回归结果在模型1～7中较为一致,且回归系数的大小也比较接近,表明回归检验的稳健性较好。其中,企业年龄的系数都为正,但只在模型1中在1%的显著性水平下显著,表明企业年龄与知识商业化效率之间的关系并不明显;所有制的系数在所有模型中都为正,且在1%的显著性水平下显著,说明国有企业普遍能够取得更高的知识商业化效率;反映企业所属行业类型的控制变量系数在以上模型中大部分都不显著。

沿用Aiken和West的方法,本书进行了简单斜率检验,并且用标准化后的数据生成了斜率,绘制了调节效应的作用图,如图8.2和图8.3所示。当企业所处的行业在该园区聚集度较低时($-1\ SD$),企业规模与企业知识生产效率有显著的负相关趋势;当企业所处的行业在该园区的聚集度较高时($+1\ SD$),企业规模与企业知识生产效率的负相关趋势有所增强。同时,当企业所处的行业在该园区聚集度较低时($-1\ SD$),企业规模与企业知识商业化效率有显著的正相关趋势;当企业所处的行业在该园区聚集度较高时($+1\ SD$),企业规模与企业知识商业化效率的正相关趋势有所减弱。

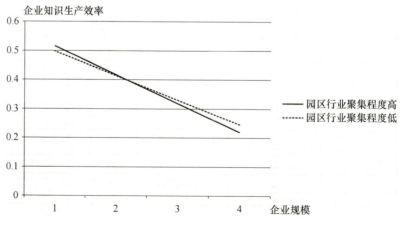

图8.2 企业所处园区行业聚集度对企业知识生产效率的调节作用

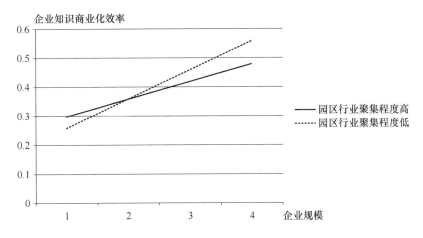

图 8.3 企业所处园区行业聚集度对企业知识商业化效率的调节作用

本书也加入了采用 Xttobit 回归的模型作为稳健性检验。检验结果如表 8.6 所示,所有模型的 Wald Chi^2 值依旧非常显著($p<0.01$)。在知识生产效率的模型中,企业规模的系数为负且在1%的显著性水平下显著($\beta=-0.093$),企业规模与园区行业聚集度的交互项为负且在10%的显著性水平下显著($\beta=-0.071$);在知识商业化效率的模型中,企业规模的系数为正且在1%的显著性水平下显著($\beta=0.082$),企业规模与园区行业聚集度的交互项为负且在1%的显著性水平下显著($\beta=-0.184$)。这两个 Xttobit 模型与包含相同变量的前两个模型结果基本一致,所有变量系数的符号、显著性都保持不变,系数也较为接近,因此以上对于回归结果的分析较为稳健。

表 8.6 企业所在园区行业聚集度对企业效率作用模型的稳健性检验

行业聚集度	Xttobit	
	知识生产效率	知识商业效率
所有制	0.027**	0.031***
	(0.011)	(0.008)
政府资金支持	0.002**	−0.001*
	(0.001)	(0.001)
企业年龄	−0.002***	0.001***
	(0.001)	(0.001)
服务业	0.024	−0.027
	(0.057)	(0.04)
制造业	−0.073	0.019
	(0.055)	(0.039)

续表

行业聚集度	Xttobit	
	知识生产效率	知识商业效率
邮电业	0.022	0.260***
	(0.094)	(0.067)
零售业	0.049	−0.01
	(0.059)	(0.042)
园区行业聚集度	−0.011	−0.076**
	(0.053)	(0.037)
企业规模	−0.093***	0.082***
	(0.009)	(0.006)
规模*园区行业聚集度	−0.071*	−0.184***
	(0.041)	(0.029)
常数项	0.458***	0.034
	(0.071)	(0.049)
N	2 750	2 750
Chi²	412.03	443.2

注：1. *表示 p 值<0.1，**表示 p 值<0.05，***表示 p 值<0.01。
2. 括号中的数值均为稳健标准差，以消除异方差或自相关问题的可能影响。

8.2 本章小结

本章对企业规模对企业效率的影响进行了实证检验，得出了以下结论。首先，企业规模对不同种类的企业效率影响存在一定的差异。从几个模型的回归结果来看，企业规模的增大对企业的知识生产效率均有负向的影响，对企业的知识商业化效率有正向的影响。其次，对于企业所在园区成熟度和企业所处园区行业聚集度这两个调节变量的分析得出以下结论。

（1）企业规模与成熟期园区的乘积项在知识生产效率模型中有正的系数且显著；企业规模与成长期园区的乘积项在模型中有正的系数且显著，说明企业所在园区成熟度的增加会弱化企业规模与知识生产效率之间的负向关系。也就是说，当企业处于较为成熟的园区时，比较有利于大型企业知识生产效率的提升；而成熟度较低的园区比较有利于小型企业知识生产效率的提升，假设 7a 得到了验证。企业规模与企业所在园区成熟度的乘积项在知识商业化效率模型中有正的系数，

第8章 企业所处园区对企业规模与效率之间关系的影响研究

但是不显著,说明企业所在的园区成熟度对于企业规模与企业知识商业化效率之间的正向关系没有明显的影响,假设7b没有得到支持。也就是说,企业所在园区的成熟度不会对企业规模与知识商业化效率之间的关系起到显著的调节作用。结合实证检验结果与已有的文献,本书分析认为,对于小型企业来说,选择在成熟度较高的园区中发展并不能有效提升其知识商业化效率,因为成熟园区中企业数目已接近饱和,市场资源有限而竞争较为激烈;对于大型企业来说,选择在成熟度较低的园区中发展并不能有效提升其知识商业化效率,因为大型企业的发展需要相对稳定的上下游关系和较为完善的服务机构做保障,而成熟度较低的园区并不能满足其大规模生产的需求(Wang et al.,2014;McDermott,2007;Freeman et al.,1983)。

(2)企业规模与园区行业聚集度的乘积项在知识生产效率模型中有负的系数,且显著,说明如果企业所在园区行业聚集度较高,会强化企业规模与知识生产效率之间的负向关系,假设8a得到了验证。也就是说,小型企业在行业聚集度较高的园区,比较有利于提升其知识生产效率;大型企业在行业聚集度较低的园区,比较有利于提升其知识生产效率。企业规模与园区行业聚集度的乘积项在知识商业化模型中有负的系数且显著,说明园区行业聚集度的增加会弱化企业规模与企业知识商业化效率之间的正向关系,假设8b得到了验证。结合实证检验结果,本书分析认为,小型企业在行业聚集度较高的园区中,有利于提升其知识商业化效率;而大型企业在行业聚集度低的园区中,比较有利于提升其知识生产效率。

本章实证研究部分对相关研究假设的检验结果详见表8.7。

表8.7 园区成熟度对企业效率影响的实证研究结果

研究假设	实证检验结果
假设7:企业规模与企业效率之间的关系受到企业所在园区成熟度的调节	
假设7a:当企业所在园区的成熟度较高时,企业规模与企业知识生产效率之间的负向关系更弱	支持
假设7b:当企业所在园区的成熟度较高时,企业规模与企业知识商业化效率之间的正向关系更弱	不支持
假设8:企业规模与企业效率之间的关系受到企业所在园区行业聚集度的调节	
假设8a:当企业所在园区行业聚集度较高时,企业规模与企业知识生产效率之间的负向关系更强	支持
假设8b:当企业所在园区行业聚集度较高时,企业规模与企业知识商业化效率之间的正向关系更弱	支持

第 9 章　企业规模影响企业创新效率的实验研究

尽管本书已经用统计回归的方法检验了企业规模与效率之间的关系及其调节因素,但在很多情况下,即使经过了严密的逻辑推理和严谨的统计回归,人们也难以对企业创新过程做出可靠的预测。因为人类是基于主观判断而做出决策的,在信息和知识受限的情况下,人类的有限理性可能会导致错误的决策(Chen et al.,2012)。而且很多时候,人们并没有充足的时间来进行数据分析。

在这种情况下,通过数据建模进行实验研究的方法,包括基于大数据和机器学习的实验法,可以通过源于数据库的客观、全面和精确的结果,来提升企业在经营管理方面的决策能力,有助于企业避免大量无谓的损失,甚至还能帮助企业取得更高的创新效率。

机器学习技术能够帮助人类更好地认识数据。随着互联网、计算机以及相关技术的发展,人们已经建立起数量庞大的数据库。为了更好地了解和使用这些数据,大数据分析和人工智能这样有效的工具是必不可少的。近年来,计算机领域的学者一直致力于将机器学习技术应用于现实生活中。机器学习使得跨设备连接成为可能,企业也可以使用数据挖掘了解用户的出行习惯(Makridakis,2017)。机器学习方法也可以直接帮助工程师们改进工作,如优化建筑结构和估计建筑物的生命周期(Zhou et al.,2012;Gandomi et al.,2015)。目前被用于企业管理的机器学习方法主要集中在企业的生产过程中,管理者可以通过机器学习方法来估计项目的单位成本或者净现值,从而做出更理智的投资决策(Tseng et al.,2010)。机器学习可以帮助企业对金融市场进行预测,进而进行下一步的生产安排(Relich,2010)。跨国公司可以使用机器学习方法为新公司选择最合适的地址,企业营销部门也可以利用机器学习来预测客户的行为(Nasir et al.,2000)。

本章将通过引入一种新的实验方法来判断企业创新效率,以丰富现有的模型。本章研究使用基于机器学习的实验方法来分析企业研发投入以及所产出的创新成果,可以相对准确地预测企业的创新效率。这一方法可以帮助企业管理者在技术飞速变革的时代做出更好的企业创新决策。

9.1 相关研究

9.1.1 机器学习在企业管理领域的应用

(1)机器学习模型与传统统计回归模型的比较

机器学习涵盖范围比较广,既包括神经网络、决策树、支持向量机等基本模型,也包括深度神经网络、决策森林等变种模型;既包括基追踪、梯度下降等算法,也包括极速梯度提升等迭代算法。由于每种机器学习实例都存在不同之处,本书以基本的神经网络模型为例,与传统的统计回归模型中的普通最小二乘(ordinary least square,OLS)模型进行比较。

传统的统计回归可以建立两个函数 x 与 y 之间的关系,OLS 回归法可以分成以下几类:多元线性回归、多项式回归与简单线性回归。通过最小二乘回归可以得到最优拟合直线,该直线可以使得每个离散点到这条直线的加权距离平方和最小。统计显著性检验结果与相应的置信区间的精确性和权重密切相关,每个离散点的权重根据所采用的数据估计得到。为了最大限度地发挥OLS的准确性,通过数据估计得到的权重必须精准可靠,因此,在各领域应用OLS回归时,对数据的要求比较严格,所采用的数据必须满足正态性、独立性、线性与同方差性。同时,OLS回归在理论上假定自变量为固定的且测量无误差,然而在实际应用中,该假设通常很难达到,因此在实际的使用中往往忽略这项假设。

通过比较可以发现,机器学习与 OLS 模型具有以下不同之处。首先,两者在实现的方法与结果上存在不同。最小二乘回归是通过求解成对数据的映射函数来实现的。根据成对样本数据的特性,寻找可以有效表达数据映射关系的函数表达式。函数表达式的不同参数值可以通过剩余标准偏差和相关系数来确定,即假定输出数据 y 与输入数据 x 的映射关系可以由公式来表示,对公式的待定系数进行求解。不同的系数设定会使得输出数据与实测数据之间的误差平方和不同,通过最小化该项误差的平方和来实现公式系数的求解,从而最终确定映射函数。而机器学习算法求解的并不是一个显示的数学公式,而是可以反映输入数据与输出数据关系的网络结构参数。网络结构参数通过最小化输出数据与实测数据间的全局误差来得到。

此外,与 OLS 模型所求解得到的目标函数相比,机器学习算法具有更加复杂的结构,如神经网络的参数随着网络的结构(层数、单元数、连接方式)、连接权值与阈值不同而不同。求解网络参数可以解决输入数据与输出数据间的映射问题。网络参数的取值由网络模型决定,通过对训练数据的不断学习而得到。复杂的结构与庞大的参数使得神经网络可以解决数据间的多种非线性映射关系问题,并能解决多种复杂问题。也就是说,OLS回归所求解的数学公式是一种具体的映射,而基于神经网络的回归分析实现的是一种更为复杂的隐式映射关系。该映射关系可以通过网络训练所得到的模型反映出来。网络结构的训练与所需分析的训练样本无关,不同的训练数据均可采用同样的训练方式,因此机器学习可以被广泛地应用于各种实际问题的解决中。

(2)机器学习技术在相关研究领域的应用

近年来,随着数据存储和处理手段的不断提升,机器学习技术越来越引起学术界以及工业界的关注。大数据与机器学习相结合的学术研究十分活跃,新的研究团体和学术成果不断出现,使得机器学习在理论研究和行业应用这两方面都取得了飞速的进展。越来越多地企业将机器学习手段用于商业精准营销、客户关系维护等,也有企业将其作为战略决策的辅助手段。

人工神经网络(ANN)是机器学习领域的一种仿生学算法模型,该模型是对人脑活动的抽象、简化和进一步模拟。ANN具有较好的记忆特征和泛化的能力,因此在很多交叉学科和领域都得到了广泛的应用,如企业财务预警、投资决策模型、信用风险评估等。反向传播(back propagation,BP)神经网络是目前应用最为广泛的神经网络结构,即基于反向传播算法的多层前馈网络。BP神经网络算法由Werbos(1974)首次提出,随后被Ronald等人(1986)在此基础上进行了进一步的研究和扩展。BP神经网络模型经常用于分类和预测任务中(Wu et al., 2006),它通过对数据样本的学习,有效地获取到数据之间客观的映射关系,并且不会因为较多的主观因素而影响评价的准确性。目前很多专家学者开始将BP神经网络致力于企业管理的实践和研究中,它包含企业中综合绩效的评估、对企业员工岗位胜任能力的评价、对企业中核心竞争力与技术创新效果的评测等。郭岚等人(2005)构建了一种专家模型,它基于BP神经网络,该模型将企业核心竞争力分为5个维度的评价指标,系统明确地对企业核心竞争力进行了定量的评估与分析,能够对企业竞争实施战略的制定提供有力的保障。2003年,杨廷双基于各省市高新技术企业和产品认定标准,使用改进的BP神经网络,提出了一系列模拟专家思想的高新技术企业中定量化产品的综合评估方法,实现了企业产品综合评价的智能化。

决策树是机器学习领域最常用的知识表示方法之一,包括ID3、回归树等。它是一种类似于流程图的树形结构,其结构中的每个中间节点都表示在一个属性值上的测试,每一个分支作为一种测试的输出,并且在树结构中的每个叶子节点都表示类或类的分布。于晓等人(2011)运用决策树算法,挖掘企业中员工的绩效与个人素质之间的潜在关系。采用信息增益来度量数值化绩效与素质之间的关联关系,为企业中人力资源管理工作提供重要可靠的决策依据。2009年,徐路针对企业管理中客户关系的管理问题提出了决策树方法,通过基于该算法的数据挖掘与分析能力,在海量的企业历史数据中挖掘潜在的信息,并结合ID3对客户进行详细划分,对不同客户群的业务特征进行挖掘。

随机森林算法同样是一种非线性的建模工具,通过对样本数据的不断分析和学习,完成数据的分类或者回归操作。它具有较强的自适应能力,可以很好地解决模型学习过程中缺乏先验知识、约束条件过多以及数据样本不充足等问题。2007年,彭国兰等人采用随机森林算法构建了企业中针对信用评估的相关指标体系。2009年王志红等人同样利用该算法建立了面向基金的评级结构模型,其中将信息比率作为在基金中最重要的评价指标。此外,2010年方匡南等人将非参数的随机森林算法引入到基金的超额收益率中进行预测,证明了该方法与随机游走、支持向量机等算法相比,预测效果更加精准。

作为梯度提升(gradient boosting)决策树方法的一种改进,XGBoost决策树最近以其速度和准确性引起了人们的极大关注。许多研究人员试图将其用于解决当前经管领域的问题。在企业管理方面,XGBoost可以用来帮助管理者选择合适的客户保留策略。Uzir等人(2017)发现XGBoost是帮助软件即时服务公司分析影响客户维系率因素的最佳模型。Ge等人(2017)使用不同数据集来说明XGBoost优于梯度提升,并表明XGBoost在宏观经济和银行层面的预测中具有可靠性(Thomassey et al.,2007)。Xia等人(2017)使用XGBoost建立了一个信用评分模型,发现该模型比现有的信用评分系统表现更好,这表明XGBoost在财务评估方面也具有可靠性(Penpece et al.,2014)。

9.1.2 数据来源与数据标签

本书的数据样本包含了中关村示范区内超过1 257家企业2005—2015年期间的非平衡的面板数据,这有助于本书把握科技园区内企业的整体特征,这11年的纵向数据可以帮助本书捕捉到每一家企业随着时间发展和变化的轨迹。

由于不同的行业都有其衡量企业规模的标准,因此在列表中的所有企业规模被分为大、中、小、微四种类型,微型企业取值为1,小型企业取值为2,中型企业取值为3,大型企业取值为4。具体划分标准参照工业和信息化部、发展和改革委员会、财政部讨论制定并于2011年出台的《中小企业划型标准规定》和国家统计局印发制定的《统计上大中小微型企业划分办法》,将企业的员工数、年收入、总资产等指标作为企业规模划分的标准,同时考虑到了不同行业的特点。

企业技术并购、企业所处园区类型、企业加入的联盟类型、企业所属行业(服务业、制造业、邮电业、零售业等多个不同的行业大类)、企业年龄、政府资金支持、企业的所有制类型等也包含在数据集中。同时,基于DEA模型,对所有企业的知识生产效率、知识商业化效率和综合效率进行计算,为了保证数据的平衡性,三种效率的阈值都是中位数。根据相应的阈值,将这三种效率划分为1和0两种等级,用作分类问题的标签。三个标签分别对应三个分类问题:企业知识生产效率的高低、知识商业化效率的高低以及综合效率的高低。处理过的标签如图9.1所示。

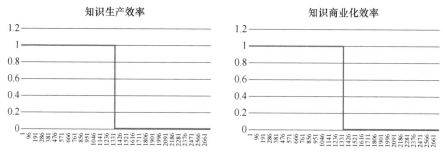

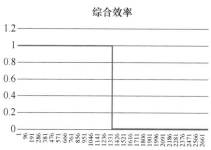

图 9.1　三种效率分类结果

9.1.3　数据模型

为了明确捕捉可能影响企业效率的重要因素，并帮助企业领导者选择更好的长期发展策略，本书采用了许多不同的机器学习模型，如决策树、随机森林、神经网络、XGBoost等。本章主要介绍了这些模型的基本原理。

(1) 决策树模型

决策树有两种类型。一种类型的决策树常用于决策分析，其结构类似于流程图且包含着决策过程和结果。如图9.2(a)所示，这种类型的决策树由三种节点组成：决策节点、机会节点和终节点。另一种类型的决策树被用作机器学习的预测模型，如图9.2(b)所示，它基于若干输入变量来预测目标变量的值。本部分重点介绍后者，称其为决策树学习。

树状模型方法将特征空间划分为一组矩形，然后在每个矩形中嵌入一个简单的模型（如一个常量）。为了简化问题，本书将注意力集中在如图9.3(a)所示的递归二进制分区上。首先把这个空间分成两个区域，然后用每个区域的平均值来模拟响应。本书选择变量和分割点来达到最佳匹配，然后将这些区域中的一个或两个区域划分成更多的区域，并依此类推，直到满足停止规则为止。图9.3(b)中的二叉树可以表示这一相同模型，递归二叉树的一个关键优点就是可解释性，一棵树便能完全描述特征空间的分区情况。

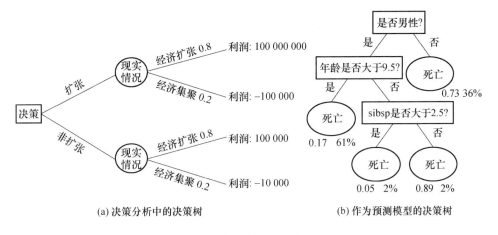

(a) 决策分析中的决策树　　(b) 作为预测模型的决策树

图 9.2　决策树模型

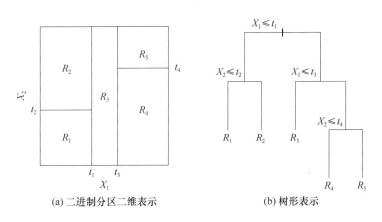

(a) 二进制分区二维表示　　(b) 树形表示

图 9.3　决策树决策过程示意图

机器学习中的决策树可被分为两类——回归树和分类树。以上两类之间唯一的区别在于划分节点和剪枝的标准不同。回归树采用平方误差和节点不纯度的测量方法，但不适合分类。因此对分类树会采用不同的测量方法，如误分率、基尼指数和交叉熵。

(2) 随机森林

装袋法(bagging)或自举汇聚法(bootstrap aggregation)是一种对估计的预测函数进行缩减方差的方法。随机森林算法是对装袋法的实质性改进，算法中建造了大量的去相关树，然后求出它们的平均值。随机森林算法的性能在很多情况下均与 Boosting 算法十分相似，且它的训练和调整策略也更为简单。因此，随机森林算法更受欢迎。

像决策树模型一样，随机森林算法也可以用于回归和分类。当用于分类时，随机森林算法是从每棵树上获得一个分类表决，然后根据多数投票进行分类。当用于回归时,模型将简单地计算出目标点 x 处的每棵树预测值的平均值。

(3) 神经网络

神经网络是一种基于人脑特征的计算模型。它良好的适应性、自组织性和自学习能力使其成为数据分类和模式识别的有力工具。它的中心思想是提取出输入的线性组合,并将其作为派生特征,然后将目标建模成为这些特征的非线性函数。图 9.4 显示了一个单隐层神经网络的结构。

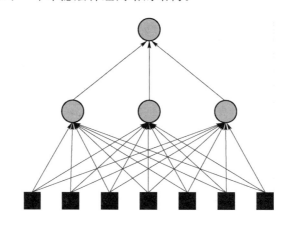

图 9.4 单隐层神经网络示意图

反向传播算法是最常见的神经网络训练算法,它通过计算每个神经元的误差组成来更新模型的权值。正如本部分中所阐明的那样,它们是非线性统计模型。

9.2 实验研究

9.2.1 数据预处理

这一部分着重介绍本书对数据的预处理步骤。数据预处理是机器学习中非常重要的一步,它可以将原始数据转换为模型可理解的格式。由于来自现实世界的数据并不完全适用于模型,因此有必要做一些数据预处理工作来满足算法的要求(Makridakis,2017)。

数据预处理的标准步骤包括数据清理、数据集成、数据转换、数据缩减和数据离散化。数据清理通过填充缺失值、平滑噪声数据或解决数据不一致等过程来完成。数据集成是指整合具有不同表征的数据并解决数据内部的冲突。数据转换即数据规范化、数据聚合化和数据泛化。数据缩减旨在精简数据仓库中的数据。

数据离散化通过划分属性区间的范围来减少连续属性的数值。

本书所采取的下一步是通过对数据的理解进行的特征选择,所有特征都对预测模型十分有效且合理,除了特征项"企业代码"。"企业代码"是每个公司的特有标识,不具有共性。所以本书筛选出该特征并预存其他特征以供未来使用。

(1) 数据规范化

对于数字特征来说,通常可以使用简单调节、逐样本均值消减和特征标准化等方法进行规范化(Zhou et al.,2012)。本书所使用的数据中,特征项"企业年龄""政府资金支持"等都已通过特征标准化进行规范。特征标准化指的是(独立地)设置数据的每一维度,使其获得零均值和单位方差。这是标准化中最为普通的方法,也是最通用的方法。实际上,可以通过从数据集中计算各维度的均值,然后用各项减去该均值项来实现此方法。接下来,每个维度都除以它们的标准偏差。

对于绝对特征"所有制""行业类型""企业规模""园区成熟度"等,独热编码常常被用于特征处理。它使企业的每一个特征都具有相等的价值,这比用数字进行简单的替换更合理。

(2) 缺失数据重建

在一次观测中,如果一个变量没有数据值会造成数据的缺失。数据缺失十分常见,并且可能会显著地影响从数据中得出的结论(Gandomi et al.,2015)。选择合适的处理方法会产生最少的估计偏差。这里有几个常用的方法来解决该问题。第一个是删除法,即逐对剔除法或成对剔除法。第二个是单一填补法,即均值/模式替换法、虚拟变量法或单回归法。而基于模型的方法是最大可能性法或多重虚拟值法。对于本书中所用的数据,缺少的值被一个固定的数字(如−1)代替,并且过滤掉缺失比例过大(如80%)的值来避免对模型结果的影响。

9.2.2 模型评估

(1) 评价方法

通过模型评估,有助于了解不同模型的表现。实验中运用了多种方式来评价模型的准确率、受试者工作特征曲线(ROC)和精确率—召回率(precision recall curve)曲线。准确率是模型能正确预测的结果占总数的比例,对于平衡数据来说,这是一个有力的度量标准,但如果数据是非平衡的,该方法将失去效力。受试者工作特征曲线提供了分类模型之间的比较方法,曲线图表的 x 轴表示误判率(1—特异性),当其值为0时目标的概率为1,而 y 轴表示灵敏度,当其值为1时目标的概率为 1(Chen et al.，2012)，这是分类问题最常用的度量标准。如果曲线与斜 45°曲线重合，则说明模型表现很差；曲线与斜 45°线形成的面积越大，模型的表现越好。最后，精确率—召回率曲线被用来描述模型精度，以 Recall(召回率)为 x 轴，Precision(精确率)为 y 轴。曲线下面积的规律与受试者工作特征曲线相似。

（2）实验结论

本实验使用五重交叉验证来保证结论的公平性，所有结果都为均值。特别是由于"样本"即训练集数据对于模型表现的比较是没有意义的，所以只有测试集的结果，如图 9.5 所示。

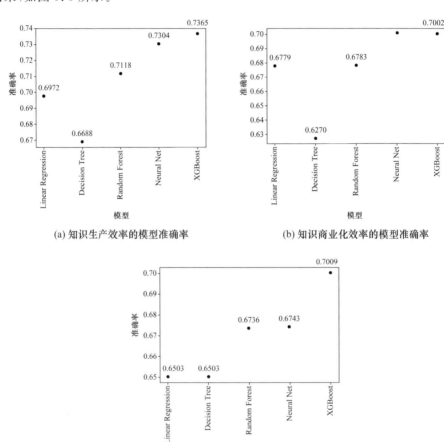

图 9.5　模型准确率

五个模型的准确率被分别被显示于以下三个图片中，即图 9.5(a)、图 9.5(b)

和图 9.5(c)。XGBoost 在知识生产效率、知识商业化效率和综合效率的分类问题上的准确率分别为 73.65%,70.02% 和 70.09%,优于另外四种模型。在准确率方面的模型表现排行为:XGBoost 决策树 > 神经网络 > 随机森林 > 线性回归 > 基本决策树。因为本次实验所用的数据都是平衡的,所以准确率本身可以有力地证明模型的能力。

同样的,受试者工作特征曲线如图 9.6(a)、图 9.6(b) 和图 9.6(c) 所示。图中黑色虚线具有随机性,即任意选择正负样例。线下面积同样如图 9.6(a)、图 9.6(b) 和图 9.6(c) 所示以进行更好的比较。XGBoost 在三种分类问题中线下面积的最值分别为 0.82、0.77 和 0.77。模型表现的排行为:XGBoost 决策树>神经网络>随机森林>线性回归>基本决策树。

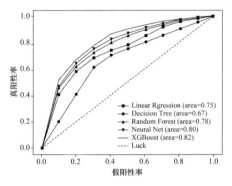

(a) 知识生产效率的受试者工作特征曲线

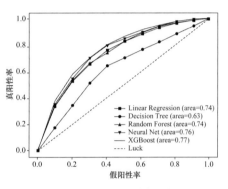

(b) 知识商业化效率的受试者工作特征曲线

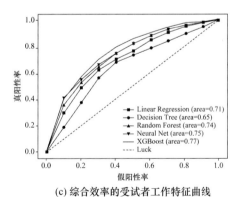

(c) 综合效率的受试者工作特征曲线

图 9.6 三种效率受试者工作特征曲线

图 9.7(a)、图 9.7(b) 和图 9.7(c) 显示了五种模型的精确率—召回率曲线。图形中同样有一条黑色虚线,它是随机模型的效果线,五种模型的表现显然比随机模型的效果要好。同样的,线下面积又一次被用于在模型之间进行比较。

XGBoost 分别获得的区域大小为 0.83、0.76、0.76，精确率最高。

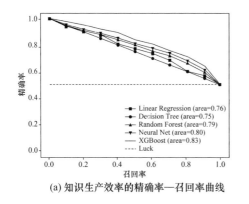

(a) 知识生产效率的精确率—召回率曲线

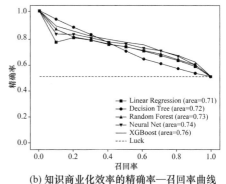

(b) 知识商业化效率的精确率—召回率曲线

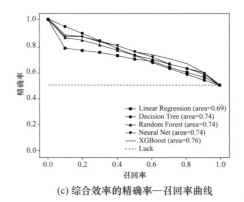

(c) 综合效率的精确率—召回率曲线

图 9.7 三种效率的精确率－召回率曲线

9.3 分析与讨论

本章重点分析了在实验中出现的模型，分别为基本决策树、随机森林、神经网络和 XGBoost 决策树。

本实验中，基本决策树模型显示出了它的不足之处。首先，单一树模型对于噪声并不具有鲁棒性，并且不能很好地推广到未来观测的数据之中。其中一个解决方法是将其转变为树集成的方法，以便于将任意的决策树与各种不同版本的数据集结合起来。第二，本书发现在边界值的左侧与右侧的数据即使都具有相似的特征，在分类上却具有非常大的不同。

随机森林比决策树表现更好，因为它是树模型的集成。但是缺点也随之而来,即随机森林的结果很难解释。并且由于包含分类特征的数据,随机森林的结果更偏向于类别多的特征维度。因此,随机森林中变量的权重值在这种类型的数据下并不可靠,通常采用局部排列法来解决此类问题。

神经网络展示了比以上三种模型更优的表现,在理论与实际中都十分合理。最重要的一点是,模型不单单是线性的,而是包含了多种非线性部分。但是,本实验当中评估的创新过程仍然是一个无法得到更多信息的"黑盒"。随着数据量的增长,模型的精度也相应提高。因此,当掌握大数据时,神经网络不失为一种好的选择。

本实验所运用的所有模型当中,XGBoost是表现最好的模型。所有三种测量标准——准确率、受试者工作特征曲线和精确率—召回率曲线都强有力地证明了其在数据集当中的优良表现。可能的原因总结如下:第一,XGBoost结合了企业特征的不同方面,在一定程度上,这些特征的结合有助于企业效率的预测;第二,算法克服了过度拟合的缺陷,并且能够学习所预测的企业效率问题。

由于研究对象包含中关村示范区企业长达11年的各项指标,这些海量复杂数据为计算机模型的结构设计、参数选取和算法训练都提供了强有力的支持。在本书中,选择神经网络模型,通过线性加权、函数映射等方式,对已有数据进行存储和学习。与以往的实证研究结果不同,本章所使用的机器学习模型并没有逐一分析影响企业创新效率的不同变量,并确定其对于创新效率的作用方向和力度,而是通过优化学习算法实现对网络结构和权值的调整,使整体模型具有一定的逻辑推理和判断能力。最终,本书通过对不同模型对于创新效率的预测结果进行比对分析,从所有机器学习模型中选出准确率最高的一种,以达到对未来企业发展提供创新效率预测和创新实践指导的目的。

9.4 本章小结

本书提出的XGBoost决策树方法提供了一种评估企业创新效率的方法。基于中关村示范区的数据,当对于企业研发投入、产品商业化投入的效率进行评估时,本书运用的受试者工作特征曲线和精确率—召回率曲线证明了XGBoost决策树优于基本决策树、随机森林和神经网络模型。XGBoost决策树的高精度以及可解释性都为学者在之后的研究中选用此模型解决类似问题提供了参考。

本书在实验中发现了与之前的理论模型相近似的结果,即企业可以根据其在知识生产、知识商业化过程中的投入来预测它们未来的创新效率。更重要的是，企业能够结合其自身特征，如企业规模大小、技术并购数量的不同、所处园区的不同、加入联盟类型的不同，运用本书的几种模型来预测未来的创新表现，这使得企业的管理者能够基于预期进行决策。因此，相关模型可以为企业建立智能决策支持系统，对于企业在复杂的环境下进行决策有很大的帮助，并且有利于企业在与其他企业的长期动态竞争中提升自身的创新效率。

第 10 章　总结与展望

本书以企业规模与企业外部创新资源获取方式的相互作用对于创新过程中不同阶段（知识生产过程与知识商业化过程）的效率影响为研究问题，研究了技术并购行为对于不同规模企业的重要影响作用，探讨了企业所加入的联盟（联盟级别与联盟类型）对不同规模企业创新效率产生的潜在影响，同时研究了园区成熟度与园区行业聚集度对企业规模与效率之间关系的调节作用。本书拓展了组织惯性理论、资源基础观、企业联盟理论和产业集群理论等相关理论，同时对我国企业开展适当的技术并购活动、选择加入能为其带来最有价值资源的联盟类型、选择加入最适合自身发展的园区，以提升创新效率等方面的管理实践也具有一定的指导意义。

10.1　本书结论

本书利用从中关村管委会、北京市企业信用网、财政部所设国家中小企业发展基金旗下"天眼查"网站、中国产业技术创新战略联盟官方网站、中关村国家自主创新示范区官方网站等多个来源获取并通过交叉验证的 1 000 余家企业 11 年间的数据进行了实证研究，通过描述性统计、相关性分析、非平衡面板回归分析、神经网络建模等多种研究方法，对本书的理论模型与相关假设进行了深入的研究。根据实证分析的结果，本书主要得出以下几点重要结论。

（1）企业规模与企业知识生产效率之间存在明显的负相关性，规模较小的企业知识生产效率较高；企业规模与知识商业化效率之间存在明显的正相关性，规模较大的企业知识商业化效率较高；企业规模与企业综合效率呈现倒 U 形的关系，实证表明中型企业综合效率较高，大型和小型企业次之，微型企业的综合效率整体最低。但本书也发现，由于知识生产效率和知识商业化效率受到企业规模影响的趋势相反，综合效率的整体变化幅度与前两者相比明显较低。

（2）作为企业从外部获取知识的重要手段，技术并购行为有助于企业消化吸收新的知识，也会对企业原有的知识创造过程与知识生产体系产生冲击，由此产生的创新成果还会对原有知识商业化体系造成新的影响,因此技术并购行为对不同规模企业的知识生产效率和知识商业化效率都产生了一定的作用(Ensign et al.,2014;Prabhu et al.,2005)。实证结果表明,在开展技术并购行为时,企业规模与知识生产效率之间的负向关系被削弱了,即大型企业开展技术并购之后获得了知识生产效率的提升,而小型、微型企业在开展技术并购之后,其知识生产效率有所下降。对于大型企业而言,其自身的知识生产效率与被并购的对象(一般为小型、微型企业)相比有着较大的劣势,在完成对新知识的消化吸收和对新技术体系的学习模仿后,大型企业知识生产效率的提升比较明显;而小型、微型企业本身的知识生产效率通常已经处于较高的水平,与被并购对象的技术创新能力差异不大,同时考虑到对外并购存在额外的沟通成本和资源支出,因此小型、微型企业的知识生产效率有所下降。

对于知识商业化过程而言,企业开展技术并购的行为削弱了企业规模与知识商业化效率之间的正向关系,即大型、中型企业开展技术并购之后,其知识商业化效率有所降低;而小型、微型企业在开展技术并购之后,知识商业化效率有所提升,但提升的幅度有限。本书分析认为,大型、中型企业的知识生产及后续产品推广过程已经较为成熟,有比较固定的知识商业化模式。技术并购活动使得大型企业从外部获取到了较为先进的技术成果,但是新成果与大型企业既有的知识成果的生产过程、推广模式相比存在一定的差别,需要付出额外的资源对新知识进行转型和改造,从而引起了知识商业化效率的降低;而对于小型、微型企业来说,其商业化过程本身并不成熟和完善,产品生产和市场推广的灵活性相对较高,能够更好地吸纳通过技术并购所获取的新知识,并完成相关的商业化过程,因而技术并购对小型企业知识商业化效率的影响较小,甚至可能因为技术并购丰富了市场资源,使得小型企业的商业化效率获得小幅度的提高。

(3)作为企业开展对外合作的重要手段,加入联盟的企业可以通过资源交换、知识转移等方式,提升自身的创新能力(Zhang et al.,2018;Hagedoorn et al.,2017)。因而,企业加入的联盟类型对企业规模与企业知识生产效率之间的关系有着明显的调节作用。研究结果表明,加入国家级联盟会较为明显地削弱企业规模与知识生产效率之间的负向关系,即在积极加入国家级联盟的情况下,大型企业的知识生产效率有所提升,而小型、微型企业的知识生产效率有所下降。本书分析认为,国家级联盟其首要任务是建立公共技术平台,实现创新知识的共享与技术的转移,甚至制定行业技术标准,突破行业技术创新的核心问题。在此过程中,作为联盟的重要参与者,大型企业在联盟中起到牵头作用,在规则制定方面有着更大的话语权,联盟的运作流程也更偏向于大型企业习惯的模式。此外,大型企业丰富的资源投入也有助于其获取更多的共同研发成果,从而提升自身的知识生产效率;而小型、微型企业与大型企业相比,对于联盟的适应能力相对较差,对于联盟战略方向的影响力相对较小,共同研发的过程也占用了小型、微型企业并不充足的创新资源,从而造成了其知识生产效率的下降。

在知识商业化过程中,企业加入国家级联盟则削弱了企业规模与知识商业化效率间的正向关系,即在积极加入国家级联盟时,大型企业的知识商业化效率有所下降,但并不明显,而小型、微型企业的知识商业化效率有所提升。本书认为,大部分大型企业在联盟中需要以自身的市场资源交换小型企业的新技术和新知识,在实现组织学习的同时,也分散了一部分市场资源用以满足小型企业的需求;而小型企业可以通过国家级联盟实现企业间异质性资源的共享,弥补其在资源方面的劣势,分散其在商业化过程中的风险,进而有利于其知识商业化效率的提升。

企业是否加入产学研联盟,对企业规模与知识生产效率之间的关系有着较强的调节作用。实证结果表明,企业加入产学研联盟削弱了企业规模与知识生产效率之间的负向作用,即在积极加入产学研联盟并与更多高校和科研机构合作的条件下,大型企业的知识生产效率有所提升。本书认为,由于大型企业自身具有较高的行业信誉,同时具有更完备的契约协调机制和更标准化的沟通流程,因而高校和科研机构在与大型企业合作的过程中面临较小的风险,发生重要信息和商业机密泄露的可能性大大降低,而贡献知识的合作意愿则会大大增强。然而,对于小型企业来说,在与产学研联盟中的其他企业合作时,其知识溢出往往多于其在联盟中的知识获取,很难从产学研联盟中实现关键技术的学习和创新能力的提升。

(4) 作为对企业创新过程产生最直接影响的外部环境,企业所处的园区也会对企业创新过程产生重要的影响(Xie et al.,2018;Díez-Vial et al.,2015;Minguillo et al.,2015)。一方面,企业所属园区的成熟度不同,在园区文化氛围、制度环境、集群规模和企业空间密集度等维度也会具备各自的特点,这些特点都会影响企业与外部创新资源进行交互的过程,因而园区成熟度会对企业规模与知识生产效率的关系起到一定的调节作用。数据分析表明,企业所属园区的成熟度对企业规模与知识生产效率之间的负向关系有着削弱的作用,即较为成熟的园区比较有利于大型、中型企业知识生产效率的提升,而成熟度较低的园区有利于小型、微型企业的知识生产效率的提升。本书分析认为,大型企业在成熟园区中可以充分利用其他企业的知识外溢,以及上下游企业和科研机构的资源和技术来提升其知识生产效率;而小型企业在成熟度较低的园区中,享受到质优价廉的基础设施和社会服务,从而将有限的资源投入到新产品研发等相关活动中,以提高其知识生产效率。

另一方面,园区的行业聚集度,也就是企业所属园区在该企业视角下的产业多样性,对企业规模与知识生产效率的关系有明显的调节作用。分析表明,园区行业聚集度增强了企业规模与知识生产效率之间的负向关系。即当园区行业聚集度较低时,大型企业的知识生产效率略有上升,而小型企业的知识生产效率有所下降,但整体的影响幅度相对较小。本书分析认为,当园区行业聚集度较低,即行业多样性较大时,企业通过与其他行业企业之间的接触,可以获取解决问题的新思路,从而催生新的知识成果,这对于创新能力较差的大型企业有一定的帮助。但从整体上看,不同行业间的知识壁垒较高,知识的相互补充作用较小,因此对于知识生产效率产生调节作用的幅度不是十分明显。而在知识商业化过程中,企业视角下的行业多样性,对企业规模与知识商业化效率之间的正向关系起到了明显的增强作用,即小型企业在行业聚集度较高的园区中,有助于其提升知识商业化效率;而大型企业在行业聚集度较低的园区中,商业化效率有着较好的表现。

10.2 本书的理论意义

许多学者对企业规模这一企业特征的认识,仅停留在其所代表的企业内部资源优势、企业外部市场力量等层面,对如何发挥企业规模对于企业的独特作用、企业规模与哪些外部环境因素产生的交互作用能促进创新效率的提升依然缺乏讨论(Leal-Rodríguez et al., 2015)。现有的研究也主要回答了什么类型的外部知识来源(联盟、园区等)对于企业创新可能具有重要作用,少有涉及外部知识来源如何对不同规模的企业创新效率产生效用,及其对于企业创新过程的不同阶段(知识生产阶段、知识商业化阶段)产生影响的机制(Brunswicker et al., 2015; Sarooghi et al., 2015)。本书基于以上几方面的理论空缺,从企业规模、企业外部资源获取和企业创新效率三者之间的关系出发,梳理了各个要素在企业创新过程中发挥作用的逻辑链条,总结出了"技术并购—联盟—园区"研究模型,对现有研究领域做出了以下五方面的理论贡献。

第一,本书通过对企业规模对于企业创新效率作用过程的分析,将科技园区内的企业效率分为知识生产效率与知识商业化效率两方面来讨论,对现有的单一绩效评估体系起到了较为重要的补充作用。第二,本书从企业规模对于两种企业效率发挥作用的本质入手,探讨了不同规模企业如何利用自身特点,通过技术并购等形式有效获取外部资源,并与其他企业进行战略合作与信息交换,进而提升自身创新效率。第三,本书结合企业技术并购行为的影响,从组织惯性、资源基础观等理论视角入手,探讨作用于不同类型企业效率的因素,对已有的理论框架进行了丰富和补充。第四,本书通过对不同规模企业的合作方式展开探讨,对现有的企业联盟相关研究进行了补充(Sampson, 2007; Kale et al., 2007; Bouncken et al., 2016)。通过对不同联盟内组织间学习的动力机制、学习过程等进行系统研究,探讨了不同联盟对于企业创新效率的影响,以及导致不同规模企业从联盟中获取知识效果不同的根本原因,填补了之前的实证研究在这方面的不足。第五,本书将中关村示范区内部的"一区十六园"按照不同成熟度划分为形成期、成长期和成熟期三类,此外还计算出园区的行业聚集度水平,分别研究不同类型的园区对于其内部企业的影响。本书指出了处于不同历史发展阶段的科技园区在发展过程中各自具备的优势与限制因素,也为之后这一领域的研究提供了借鉴。对于园区特征进行细化研究,而非仅仅将科技园区视作为一个整体,统一考察其投资环境、服务体系的建设(Gordon et al.,2014),对科技园区领域的研究来说是一次较为新颖又至关重要的理论补充。

10.3 本书的实践意义

本书结合了企业创新过程中面临的实际问题,分析了不同规模的企业获取外部资源的方式对于其创新效率产生的重要影响,包括企业技术并购行为、企业加入联盟类型、企业所处园区等内容。研究结果对于企业如何进行更有价值的技术并购、如何结合自身发展阶段与需求选择合适的园区有较为重要的借鉴意义,同时也对这些企业如何通过加入不同级别、不同主体参与的联盟来获取所需的资源,取得更高的创新效率有一定的指导作用。具体而言,本书结论对于企业的创新管理实践具有以下四方面的启示。

(1) 大型企业应在保持其市场资源优势和新产品推广能力的前提条件下,进一步提升自身在研发方面组织管理的灵活性,积极利用外部技术资源和环境提升其创新能力,及时发现和挖掘产品研发过程中的创新点,全面提升知识生产效率,从而达到提高创新资源利用率和企业综合效率的目标;而小型、微型企业则应该在保持研发团队管理体系优势的前提下,充分利用企业外部的市场资源,着重提高新产品生产和营销方面的能力,以提高知识商业化效率,实现自身先进技术的效用最大化。中型企业由于在组织结构灵活性和组织资源丰富性这两方面的优势,已经达到了较高的综合资源利用水平,但是在发展过程中仍需要避免组织结构僵化等问题,在实现规模扩张的同时,保持其原有的竞争力。

(2) 从企业层面来看,本书认为大型企业应该在一定程度上增加对外技术并购的力度,以弥补自身在知识生产过程中效率较低的不足。同时,大型企业也要在其较为成熟的知识商业化流程的基础上,进一步优化和改进自身流程,以便与技术并购所得的知识成果进行匹配,提高对技术并购成果的商业化效率(Lohrke et al.,2016)。本书建议小型、微型企业更着重加强内部的知识生产投入,在一定程度上减少盲目的对外技术并购,因为小型企业自身知识储备有限,难以有足够的资源和精力对被并购企业的技术进行充分的消化吸收,反而会由于并购投入导致资源分散和知识生产效率下降,妨碍小型企业的进一步发展。

(3)从战略联盟层面来看,本书发现国家级联盟比起区域级联盟更有利于对企业创新效率的改善。国家级联盟的特点在于,联盟中的企业来自不同的城市,拥有不同的社会文化背景和独特的认知资源优势。为了提升知识生产效率,本书建议大型企业更多地加入国家级联盟中,利用其自身在行业中的优势地位和声誉度,赢得联盟伙伴的信任,获取多样化的知识和互补资源,从而提升自身的研发水平。为了提升知识商业化效率,本书建议小型企业加入更多的国家级联盟,通过国家级联盟进行资源交换,获得有关联盟合作伙伴所处地域的信息网络、消费者偏好、供应商关系等,从而提升自身产品商业化水平。

本书发现,加入产学研联盟是企业与高校、研究所等科研机构展开技术合作、获取外部资源的重要方式。由于小型、微型企业普遍具有较强的技术创新能力,因而产学研联盟对于其创新水平的提升作用相对较小。而对于大型企业来说,其自身的创新能力不足,但是可以利用其在行业内的优势地位,以及更完备的契约协调机制和更标准化的沟通流程,得到联盟成员中高校和科研机构的信任,从而获得更高的显性知识和隐性知识转移效率。因此,本书建议大型、中型企业应牢牢把握住加入产学研联盟的机遇,充分开展与高校、研究所之间的沟通与合作,充分交换异质性知识,提高知识的生产效率。

(4)从园区层面来看,园区的成熟度和行业聚集度都是企业在选择园区时应当考虑的因素。首先,本书认为,在成熟园区中,企业在较小的地理空间内高度聚集,有利于对周围企业进行观察,从而达到模仿创新的效果。而大型、中型企业由于自身创新能力有限,与小型、微型企业相比,有更强烈的动力去跟随周边企业的创新,从而充分利用其他企业的知识外溢,提升自身的知识生产效率。而在成熟度较低的园区中,整体创新氛围较好,园区内企业数量较少,技术外溢的风险较低,比较有利于小型企业进行新知识的生产,同时园区内部的企业信息网络、分工协作和资源共享的模式尚未明确,小型企业比较容易在合作网络中找到自己的位置,从中获取自身所需的要素和资源。因此,本书建议大型企业要在成熟园区中加强对周边企业的学习,充分利用园区其他企业知识外溢的机会,提升自身的知识生产效率;而小型企业则更要抓住机遇,及时在成熟度较低的园区中获取稳定的企业外部所需资源,同时要加强对技术溢出的控制,减少被模仿的概率和风险。

其次,从园区行业聚集度来看,本书认为企业应基于自身战略目标来选择适宜其发展的园区类型。为了提升知识生产效率,大型企业应选择行业聚集度较低的园区,与不同行业的企业共享知识和信息,利用其他企业多样化的知识背景来进行整合创新(Vásquez-Urriago et al.,2016);而小型企业应选择行业聚集度较高的园区,利用其较为完善的服务保障体系,将有限的资源投入到技术创新活动当中,并因此获得知识生产效率的提升。为了提升知识商业化效率,大型企业应选择行业聚集度较低的园区,利用自身在规模和市场地位中的优势,拓展与其他行业或上下游企业在产品生产和销售方面的合作;而小型企业自身资源比较匮乏,应选择行业聚集度较高的园区,利用园区内成熟而专业的分工协作体系,提升自身商业化效率。

10.4 本书创新点

本书从企业创新理论研究中存在的不足,以及企业创新过程中面临的实际问题出发,探讨了不同类型的外部资源获取方式在企业、园区、联盟等多个维度对企业的知识生产效率、知识商业化效率以及综合效率的影响,并且分析了企业规模在此过程中扮演的重要角色。本书为企业创新过程的研究提供了新的视角,为组织惯性理论、产业集群与企业联盟研究都做出了一定的贡献,深化了在新的社会背景下对于企业规模作用的理解。具体来看,本书主要的创新点在于以下三个方面。

首先,本书提出了企业规模、企业外部创新资源获取与企业创新效率之间的"技术并购—联盟—园区"研究模型并加以检验,将企业自身与企业联盟、企业园区等领域的交互作用构成了一个有机的整体,全面阐述了企业如何结合自身规模特点,与外界环境进行资源交换并最大限度地提升自身创新能力,也为企业创新管理提供了一个新的视角。从过去的研究看,企业外部获取资源的种类和方式较为复杂,与企业自身效率之间相关性较低,研究难度较大,学者们因而更加关注不同规模企业的内部资源优劣势、组织结构特征对于企业创新效率的作用(Cáceres et al., 2011)。然而随着产品更迭周期的加快,企业仅仅依靠规模化大生产已难以满足多样化的市场需求,越来越多的外部资源在提升企业创新效率过程中也发挥了不可忽视的作用(Brunswicker et al., 2015; Van et al., 2008; Cassiman et al., 2006)。本书利用从中关村管委会、北京市企业信用网、财政部所设国家中小企业发展基金旗下"天眼查"网站、中国产业技术创新战略联盟官方网站、中关村国家自主创新示范区官方网站等多个来源获取的数据,全面分析了不同外部资源获取方式对于企业效率的动态作用效果。通过将对企业技术并购活动的分析、对企业加入联盟类型的分析与对企业所处园区环境特征的分析相结合,建立了更符合新时代背景、能更好地解释影响企业创新效率因素的理论视角。

其次,本书将DEA模型对于企业效率的测算方式用到对于企业创新绩效评估的研究中来,从企业知识生产效率和企业知识商业化效率两方面入手,开展了对企业创新过程的两阶段分析。自从Charnes和Banker等基于线性规划构建了非参数前沿模型——数据包络分析以来,国内外的学者在测度多投入、多产出的生产系统效率时,广泛使用该模型作为效率衡量的手段,甚至引入熵权法构建改进的交叉效率 DEA 模型或构建包含关联子系统的网络 DEA 模型,用于比较不同生产系统之间的效率差异,并分析对效率进行优化的方案(陈凯华 等,2013;贾俊颖,2017)。然而,这些研究大都聚焦在对于某些行业或某些区域的纯技术效率评估,忽略了从企业层面探讨对某一企业创新效率产生影响的因素分析,因此对企业创新过程的直接指导意义较为有限。此外,现有的创新绩效评估体系多采用企业专利数量、新商品销售额等作为直接指标,来衡量一个企业创新能力的高低。然而,这些指标仅能反映企业在知识成果产出总量上的相对大小,并不能有效反映企业创新投入与产出之间的关系,即整个创新过程的效率。本书通过将影响企业创新过程的因素与 DEA 模型对效率的评估相结合,剖析了不同规模的企业如何充分利用自身条件与外部资源环境的交互作用,促进企业创新过程中效率的提升。这对于企业创新管理的相关理论研究,以及 DEA 模型在企业管理领域的应用,都起到了较为重要的补充作用。

最后,由于研究样本涉及 1 000 余家企业长达 11 年的数据,且包含企业与外部环境的交互信息,这些海量复杂数据为计算机模型的结构设计、参数选取和算法训练都提供了强有力的支持。本书采用 XGBoost 模型、神经网络模型、随机森林模型、决策树模型等,与通过 DEA 模型计算的企业效率相结合,基于这些企业数据的特征值,实现对企业创新效率的预测。尽管学术界已经意识到了大数据和神经网络模型等可以在经管研究领域广泛应用,目前文献仍然较多地关注模型对于企业信用风险的评估、对于企业财务风险的预测等,通过计算机模型对企业创新效率进行预测研究仍是一个新兴的研究领域(肖斌卿 等,2016)。因而,本书使用将企业数据与计算机模型相结合的跨学科研究方法,对于之前章节中的理论研究假设进行检验,并且对已有数据进行更深一步的挖掘和分析。本书的创新点在于,通过神经网络等模型对已有数据进行存储和学习,并且对网络结构和权值不断优化调整,最终使模型具有一定的逻辑推理和判断能力,以达到对未来企业创新过程提供预测和指导的目的。

10.5 对未来研究的启示

本书通过分析企业规模与企业外部创新资源获取方式的关系,以及两者的交互作用对于企业创新效率的影响,得出了如上文所述的兼具理论意义和实践意义的结论。但是,本书在以下几方面仍然存在一些局限和不足。

第一,本书以授权专利、申请专利等公开和常用的量化知识生产成果为表征量出发,进行了企业知识生产过程和企业知识商业化过程的效率分析,但未能对企业知识生产成果进行全方位的评判。由于专利授权、专利申请通常是企业保护自己知识生产成果的有力措施,也是企业对外展现其科技实力的重要指标,专利的信息能较好地反映企业在知识生产过程中所取得的成效,专利对于企业创新能力的代表性也被大量学者的理论研究所支持(Dang et al.,2015;Kim et al.,2015;Guan et al.,2016)。然而由于部分行业的专利保护体系不够健全,而在申请专利时又必须公开部分知识成果信息,容易被同行模仿,因而部分企业为了加强对技术成果的保密程度,选择了不申请或延迟申请专利(Fang et al.,2017;Hall,2014)。由于本书没有对这部分技术成果进行专门分析,可能会在一定程度上造成企业知识生产效率和知识商业化效率的评估误差。如果能从每家企业对外推出新产品的种类和时机等非专利报送信息进行逆向推断,并与专利公开信息相互印证,则可以更加准确地评判企业知识生产成果,从而获得更有说服力的结论。

第二,本书对于企业联盟的刻画较为单一。本书将企业加入的联盟分为国家级联盟和区域级联盟两个级别,分别分析了某地域范围内的企业聚集效应和跨区域范围内的资源互补作用,但未能根据每个联盟成员的特点,将其对整个联盟的影响进行细化分析。由于联盟的分布地域广度是联盟的重要特性,不同的地域分布会带来异质性的资源,对联盟成员的知识生产过程和知识商业化过程产生作用的机制也不相同。随着交通运输的便利与通信产业的发展,跨地域的交流越来越多,虽然区域级联盟成员主要由本地企业构成,但随着企业规模的扩大和业务开展的需要,一些企业在其本部所在地域之外设有分支机构,为企业注入了来自其他区域的异质资源,进而也会影响联盟中其他成员的创新过程(Martin et al.,2018;Fitjar et al.,2015)。由于本书没有对这部分联盟成员进行独立的分析,可能难以精确反映某些区域级联盟在促进多样化知识创新中的作用。在以后的研究中,最好能对企业联盟的成员进行更加深入的研究,掌握每一位联盟成员的具体情况,从中提炼出不同联盟的知识来源广度、内部成员交流密切度等,可以更完善地分析出联盟在企业外部资源获取中所扮演的角色,并辅助以具有代表性的案例研究,从不同的角度来分析每一家企业在其所属的联盟中所受的影响。

第三,本书分析利用的数据样本也存在着一定的局限性,研究结论的外部有效性需要其他数据进行支持和验证。本书采用的数据样本包括1 000余家中关村示范区企业,由于中关村在我国各个科技园区中属于经历了较长的历史沿革,且拥有十分重要的战略地位的示范园区,因而吸引了一大批来自不同行业和处于不同发展阶段的企业入驻。同时由于中关村示范区实行一区多园政策,不同的园区创立时间、多元化的创新导向和差异化的政策指引,使得中关村示范区涵盖了十几个具有不同成熟度、不同行业聚集度的园区,因而以中关村示范区作为样本进行分析,具有极强的代表性。但是,这种数据抽样方法仍具有其局限性,由于中关村示范区中的企业都集中在北京地区,因而难以较全面地反映处于不同地域,具有不同文化氛围、经济发展水平、制度背景和资源优势的其他园区特征,并客观地分析外部环境的差异性对不同规模企业的创新过程带来的影响(Lai et al.,2014;Ai et al.,2017)。此外,研究中的样本企业具有一定的自选择性,一些创新能力较差的企业可能无法成功入驻中关村示范区,也难以进入本书的样本之中。因而,在确保数据可得性的前提下,如果可以从全国范围内随机抽取较有代表性的科技园区进行实证研究,并与本书结果进行对照分析,那么可以进一步验证研究结论的外部有效性。

参 考 文 献

Abernathy W J, Utterback J M, 1978. Patterns of industrial innovation[J]. Technology review, 80(7): 40-47.

Acs Z J, Audretsch D B, 1987. Innovation, market structure, and firm size[J]. The review of Economics and Statistics, 567-574.

Aghion P, Bloom N, Blundell R, et al., 2005. Competition and innovation: An inverted-U relationship[J]. The Quarterly Journal of Economics, 120(2): 701-728.

Agrawal A K, Cockburn I, Galasso A, et al., 2014. A mix of small and large firms can be key to regional innovation[J]. LSE American Politics and Policy.

Ai C H, Wu H C, 2017. Cross-regional corporations and learning effects in a local telecommunications industry cluster of China[J]. Journal of the Knowledge Economy, 8(1): 337-355.

Alvarez S A, Barney J B, 2001. How entrepreneurial firms can benefit from alliances with large partners[J]. Academy of Management Perspectives, 15(1): 139-148.

Argyres N, Bigelow L, Nickerson J A, 2015. Dominant designs, innovation shocks, and the follower's dilemma[J]. Strategic Management Journal, 36(2): 216-234.

Arora A, Gambardella A, 1990. Complementarity and external linkages: the strategies of the large firms in biotechnology[J]. The journal of industrial economics, 361-379.

Arrow K J, Debreu G, 1954. Existence of an equilibrium for a competitive economy[J]. Econometrica: Journal of the Econometric Society, 265-290.

Arvanitis S, Kubli U, Woerter M, 2008. University-industry knowledge and technology transfer in Switzerland: What university scientists think about co-operation with private enterprises[J]. Research Policy, 37(10): 1865-1883.

Azzam A M, 1997. Measuring market power and cost-efficiency effects of industrial concentration[J]. The Journal of Industrial Economics, 45(4): 377-386.

Banker R D, Charnes A, Cooper W W, 1984. Some models for estimating technical and scale inefficiencies in data envelopment analysis[J]. Management science, 30(9): 1078-1092.

Baptista R, Swann P, 1998. Do firms in clusters innovate more? [J]. Research policy, 27(5): 525-540.

Barney J B, 1986. Strategic factor markets: Expectations, luck, and business strategy[J]. Management science, 32(10): 1231-1241.

Barney J, 1991. Firm resources and sustained competitive advantage[J]. Journal of management, 17(1): 99-120.

Bathelt H, Malmberg A, Maskell P, 2004. Clusters and knowledge: local buzz, global pipelines and the process of knowledge creation[J]. Progress in human geography,28(1): 31-56.

Baumol W J, 1986. Williamson's The Economic Institutions of Capitalism[J]. Rand Journal of Economics, 17(2):279-286.

Bouncken R B, Fredrich V, 2016. Learning in coopetition: Alliance orientation, network size, and firm types[J]. Journal of Business Research, 69 (5): 1753-1758.

Brown M G, Svenson R A, 1998. RTM Classic: Measuring R&D Productivity [J]. Research-Technology Management, 41(6): 30-35.

Brunswicker S, Vanhaverbeke W, 2015. Open innovation in small and medium-sized enterprises (SMEs): External knowledge sourcing strategies and internal organizational facilitators[J]. Journal of Small Business Management, 53(4): 1241-1263.

Bstieler L, Hemmert M, Barczak G, 2015. Trust formation in university-industry collaborations in the US biotechnology industry: IP policies, shared governance, and champions[J]. Journal of Product Innovation Management, 32(1): 111-121.

Cabral L, Mata J, 2003. On the evolution of the firm size distribution: Facts and theory[J]. American economic review, 93(4): 1075-1090.

Cáceres R, Guzmán J, Rekowski M, 2011. Firms as source of variety in innovation: influence of size and sector[J]. International Entrepreneurship and

Management Journal, 7(3): 357.

Campbell J G, 2010. Knowledge Acquisition in University-Industry Alliances: An Empirical Investigation from a Learning Theory Perspective[J]. Journal of Product Innovation Management, 25(2):162-179.

Cassiman B, Veugelers R, 2006. In search of complementarity in innovation strategy: Internal R&D and external knowledge acquisition[J]. Management science, 52(1): 68-82.

Chatterji A, Glaeser E, Kerr W, 2014. Clusters of entrepreneurship and innovation[J]. Innovation Policy and the Economy, 14(1): 129-166.

Chen C J, Hung S W, 2010. To give or to receive? Factors influencing members' knowledge sharing and community promotion in professional virtual communities[J]. Information & management, 47(4): 226-236.

Chen K, Guan J, 2012. Measuring the efficiency of China's regional innovation systems: application of network data envelopment analysis (DEA) [J]. Regional Studies, 46(3): 355-377.

Christensen C M, 2013. The innovator's dilemma: when new technologies cause great firms to fail[M]. Boston: Harvard Business Review Press.

Coase R H, 1937. The nature of the firm[J]. economica, 4(16): 386-405.

Cohen W M, Klepper S, 1996. Firm size and the nature of innovation within industries: the case of process and product R&D[J]. Review of Economics and Statistics, 78(2): 232-243.

Conner K R, 1991. A historical comparison of resource-based theory and five schools of thought within industrial organization economics: do we have a new theory of the firm? [J]. Journal of management, 17(1): 121-154.

Cooke P, Uranga M G, Etxebarria G, 1998. Regional systems of innovation: an evolutionary perspective[J]. Environment and planning A, 30(9): 1563-1584.

Crook T R, Todd S Y, Combs J G, et al., 2011. Does human capital matter? A meta-analysis of the relationship between human capital and firm performance [J]. Journal of applied psychology, 96(3): 443.

Cruz-Cázares C, Bayona-Sáez C, García-Marco T, 2013. You can't manage right what you can't measure well: Technological innovation efficiency [J]. Research Policy, 42(6-7): 1239-1250.

Cyert R M, March J G, 1963. A behavioral theory of the firm[J]. Englewood Cliffs, NJ, 2(4): 169-187.

Dagnino G B, Padula G, 2007. Untangling the rise of Coopetition: the intrusion of Competition in a Cooperative Game structure[J]. International studies of management & organization, 37(2): 32-52.

Dahl M S, Pedersen C ØR, 2004. Knowledge flows through informal contacts in industrial clusters: myth or reality?[J]. Research policy, 33(10): 1673-1686.

Dang J, Motohashi K, 2015. Patent statistics: A good indicator for innovation in China? Patent subsidy program impacts on patent quality[J]. China Economic Review, 35: 137-155.

Das T K, Teng B S, 2001. Trust, control, and risk in strategic alliances: An integrated framework[J]. Organization studies, 22(2): 251-283.

Debreu G, 1951. The coefficient of resource utilization[J]. Econometrica: Journal of the Econometric Society, 273-292.

Dhanaraj C, Lyles M A, Steensma H K, et al., 2004. Managing tacit and explicit knowledge transfer in IJVs: the role of relational embeddedness and the impact on performance[J]. Journal of international business studies, 35(5): 428-442.

Díez-Vial I, Fernández-Olmos M, 2015. Knowledge spillovers in science and technology parks: how can firms benefit most?[J]. The Journal of Technology Transfer, 40(1): 70-84.

Djolov G, 2013. The Herfindahl-Hirschman index as a decision guide to business concentration: A statistical exploration[J]. Journal of Economic and Social Measurement, 38(3): 201-227.

Dougherty D, Hardy C, 1996. Sustained product innovation in large, mature organizations: Overcoming innovation-to-organization problems[J]. Academy of management journal, 39(5): 1120-1153.

Edwards W, 1954. The theory of decision making[J]. Psychological bulletin, 51(4): 380.

Ensign P C, Lin C D, Chreim S, et al., 2014. Proximity, knowledge transfer, and innovation in technology-based mergers and acquisitions[J]. International Journal of Technology Management, 66(1): 1-31.

Etzkowitz H, 2003. Innovation in innovation: The triple helix of university-industry-government relations[J]. Social science information, 42(3): 293-337.

Fang E, 2011. The effect of strategic alliance knowledge complementarity on new product innovativeness in China[J]. Organization Science, 22(1):

158-172.

Fang L H, Lerner J, Wu C, 2017. Intellectual property rights protection, ownership, and innovation: Evidence from China[J]. The Review of Financial Studies, 30(7): 2446-2477.

Farrell M J, 1957. The measurement of productive efficiency[J]. Journal of the Royal Statistical Society: Series A (General), 120(3): 253-281.

Feldman M, Francis J, Bercovitz J, 2005. Creating a Cluster While Building a Firm: Entrepreneurs and the Formation of Industrial Clusters[J]. Regional Studies, 39(1):129-141.

Fitjar R D, Rodríguez-Pose A, 2015. Networking, context and firm-level innovation: Cooperation through the regional filter in Norway[J]. Geoforum, 63:25-35.

Folta T B, Cooper A C, Baik Y S, 2006. Geographic cluster size and firm performance[J]. Journal of Business Venturing, 21(2):240-242.

Ford M W, 2009. Size, structure and change implementation: An empirical comparison of small and large organizations[J]. Management Research News, 32(4): 303-320.

Forés B, Camisón C, 2016. Does incremental and radical innovation performance depend on different types of knowledge accumulation capabilities and organizational size? [J]. Journal of business research, 69(2): 831-848.

Forsman H, 2011. Innovation capacity and innovation development in small enterprises. A comparison between the manufacturing and service sectors[J]. Research Policy, 40(5):739-750.

Freeman J, Carroll G R, Hannan M T, 1983. The liability of newness: Age dependence in organizational death rates[J]. American sociological review: 692-710.

Fuller M B, Porter M E, 1986. Coalitions and global strategy from[J]. Competition in global industries, 315: 344.

Furman J L, Porter M E, Stern S, 2002. The determinants of national innovative capacity[J]. Research policy, 31(6): 899-933.

Gallagher D R, Ignatieva K, Mcculloch J, 2015. Industry concentration, excess returns and innovation in Australia[J]. Accounting & Finance, 55(2): 443-466.

Gandomi A, Haider M, 2015. Beyond the hype: Big data concepts, methods, and analytics[J]. International Journal of Information Management, 35(2): 137-144.

George G, Zahra S A, Jr D R W, 2002. The effects of business-university alliances on innovative output and financial performance: a study of publicly traded biotechnology companies[J]. Journal of business venturing, 17(6): 577-609.

Goerzen A, 2010. Alliance Networks and Firm Performance: The Impact of Repeated Partnerships[J]. Strategic Management Journal, 28(5):487-509.

Gordon I R, Mccann P, 2014. Industrial Clusters: Complexes, Agglomeration and/or Social Networks? [J]. Urban Studies, 37(3):513-532.

Grabher G, 1993. The weakness of strong ties: the lock-in of regional development in Ruhr area[J]. The embedded firm: on the socioeconomics of industrial networks, 255-277.

Graebner M E, 2010. Momentum and Serendipity: How Acquired Leaders Create Value in the Integration of Technology Firms [J]. Strategic Management Journal, 25(8-9):751-777.

Grant R M, 1996. Toward a knowledge-based theory of the firm[J]. Strategic management journal, 17(S2): 109-122.

Grossman S J, Hart O D, 1986. The costs and benefits of ownership: A theory of vertical and lateral integration[J]. Journal of political economy, 94(4): 691-719.

Guan J, Chen K, 2010a. Measuring the innovation production process: A cross-region empirical study of China's high-tech innovations[J]. Technovation, 30 (5-6): 348-358.

Guan J, Chen K, 2010b. Modeling macro-R&D production frontier performance: an application to Chinese province-level R&D[J]. Scientometrics, 82(1):165-173.

Guan J, Chen K, 2012. Modeling the relative efficiency of national innovation systems[J]. Research policy, 41(1): 102-115.

Guan J, Na L, 2016. Exploitative and exploratory innovations in knowledge network and collaboration network: A patent analysis in the technological field of nano-energy[J]. Research Policy, 45(1):97-112.

Gulati R, 1998. Alliances and networks[J]. Strategic management journal, 19 (4): 293-317.

Gulati R, 1999. Network Location and Learning: The Influence of Network

Resources and Firm Capabilities on Alliance Formation[J]. Strategic Management Journal, 20(5):397-420.

Gupta A K, Smith K G, Shalley C E, 2006. The interplay between exploration and exploitation. [J]. Academy of Management Journal, 49(4):693-706.

Hagedoorn J, Lokshin B, Zobel A K, 2017. Partner type diversity in alliance portfolios: multiple dimensions, boundary conditions and firm innovation performancf[J]. Journal of Management Studies, 55(5), 809-836.

Hall B H, 2014. Does patent protection help or hinder technology transfer[J]. Intellectual property for economic development: 11-32.

Han J, Jo G S, Kang J, 2018. Is high-quality knowledge always beneficial? Knowledge overlap and innovation performance in technological mergers and acquisitions[J]. Journal of Management & Organization, 24(2):1-21.

Hannan M T, Freeman J, 1984. Structural Inertia and Organizational Change [J]. American Sociological Review, 49(2):149-164.

Hart O, Moore J, 2007. Incomplete Contracts and Ownership: Some New Thoughts[J]. American Economic Review, 97(2):182-186.

Herrera S, Pang G, 2005. Efficiency of Public Spending in Developing Countries: An Efficiency Frontier Approach[J]. Social Science Electronic Publishing.

Hirschey M, 1982. Market Power and Foreign Involvement by U. S. Multinationals[J]. Review of Economics & Statistics, 64(2):343-346.

Hobbs K G, Link A N, Scott J T, 2017. Science and technology parks: an annotated and analytical literature review[J]. Journal of Technology Transfer, 42(4):1-20.

Hohberger J, Almeida P, Parada P, 2015. The direction of firm innovation: The contrasting roles of strategic alliances and individual scientific collaborations [J]. Research Policy, 44(8):1473-1487.

Hong S, Oxley L, Mccann P, et al. , 2017. Why firm size matters: investigating the drivers of innovation and economic performance in New Zealand using the Business Operations Survey[J]. Applied Economics, 48(55):1-17.

Howard M, Steensma H K, Lyles M, et al. , 2016. Learning to collaborate through collaboration: How allying with expert firms influences collaborative innovation within novice firms[J]. Strategic management journal, 37(10): 2092-2103.

Hurley R F, Hult G T M, 1998. Innovation, market orientation, and organizational learning: an integration and empirical examination[J]. Journal of marketing, 62(3): 42-54.

Jarillo J C, 1993. 6-The essence of a strategic network[J]. Strategic Networks, 127-150.

Jiang X, Bao Y, Xie Y, et al., 2016. Partner trustworthiness, knowledge flow in strategic alliances, and firm competitiveness: a contingency perspective[J]. Journal of business research, 69(2): 804-814.

John C H S, Balakrishnan N, Fiet J O, 2000. Modeling the relationship between corporate strategy and wealth creation using neural networks[J]. Computers & Operations Research, 27(11):1077-1092.

Josefy M, Kuban S, Ireland R D, et al., 2015. All things great and small: Organizational size, boundaries of the firm, and a changing environment[J]. The Academy of Management Annals, 9(1): 715-802.

Kale P, Singh H, 2007. Building firm capabilities through learning: the role of the alliance learning process in alliance capability and firm-level alliance success[J]. Strategic management journal, 28(10): 981-1000.

Kamien M I, Schwartz N L, 1975. Market Structure and Innovation: A Survey [J]. Journal of Economic Literature, 13(1):1-37.

Karim S, Mitchell W, 2010. Path-Dependent and Path-Breaking Change: Reconfiguring Business Resources Following Acquisitions in the U.S. Medical Sector, 1978-1995[J]. Strategic Management Journal, 21(10-11):1061-1081.

Kauppila O P, 2015. Alliance Management Capability and Firm Performance: Using Resource-based Theory to Look Inside the Process Black Box[J]. Long Range Planning, 48(3):151-167.

Kessler E H, 2000. Tightening the belt: methods for reducing development costs associated with new product innovation[J]. Journal of Engineering and Technology Management, 17(1): 59-92.

Kim J, Lee S, 2015. Patent databases for innovation studies: A comparative analysis of USPTO, EPO, JPO and KIPO[J]. Technological Forecasting and Social Change, 92: 332-345.

Koopmans T C, 1951. Analysis of Production as an Efficient Combination of Activities[J]. Analysis of Production & Allocation, 158(1):33-97.

Laforet S, 2013. Organizational innovation outcomes in SMEs: effects of age, size, and sector[J]. Journal of world business, 48(4): 490-502.

Lai Y L, Hsu M S, Lin F J, et al., 2014. The effects of industry cluster knowledge management on innovation performance[J]. Journal of business research, 67(5): 734-739.

Lamperti F, Mavilia R, Castellini S, 2017. The role of science parks: a puzzle of growth, innovation and R&D investments[J]. The journal of technology transfer, 42(1): 158-183.

Laursen K, Salter A, 2006. Open for innovation: the role of openness in explaining innovation performance among UK manufacturing firms [J]. Strategic management journal, 27(2): 131-150.

Lavie D, 2006. The competitive advantage of interconnected firms: an extension of the resource-based view[J]. Academy of management review, 31(3): 638-658.

Lavie D, 2007. Alliance portfolios and firm performance: a study of value creation and appropriation in the US software industry [J]. Strategic management journal, 28(12): 1187-1212.

Leal-Rodríguez A L, Eldridge S, Roldán J L, et al., 2015. Organizational unlearning, innovation outcomes, and performance: the moderating effect of firm size[J]. Journal of business research, 68(4): 803-809.

Legge J M, 2000. The economics of industrial innovation[J]. Review of political economy, 12(2): 249-249.

Liao S H, Fei W C, Chen C C, 2007. Knowledge sharing, absorptive capacity, and innovation capability: an empirical study of Taiwan's knowledge-intensive industries[J]. Journal of information science, 33(3): 340-359.

Lieberman M B, Montgomery D B, 1988. First-mover advantages[J]. Strategic management journal, 9(S1): 41-58.

Lin B W, Chen W C, Chu P Y, 2015. Mergers and acquisitions strategies for industry leaders, challengers, and niche players: interaction effects of technology positioning and industrial environment[J]. IEEE transactions on Engineering management, 62(1): 80-88.

Lin Y, Wu L Y, 2014. Exploring the role of dynamic capabilities in firm performance under the resource-based view framework[J]. Journal of business research, 67(3): 407-413.

Link A N, Scott J T, 2003. US science parks: the diffusion of an innovation and its effects on the academic missions of universities[J]. International journal of industrial organization, 21(9): 1323-1356.

Liu F C, MA R, 2013. Study on the network structure and spatial distribution of inter-regional technology transfer: analysis based on inter-provincial technical market transaction of China in 2010[J]. Studies in science of science, 4: 007.

Lockett A, Wright M, 2005. Resources, capabilities, risk capital and the creation of university spin-out companies [J]. Research policy, 34 (7): 1043-1057.

Löfsten H, Lindelöf P, 2002. Science parks and the growth of new technology-based firms-academic-industry links, innovation and markets[J]. Research policy, 31(6): 859-876.

Lohrke F T, Frownfelter-Lohrke C, Ketchen Jr D J, 2016. The role of information technology systems in the performance of mergers and acquisitions [J]. Business Horizons, 59(1): 7-12.

Louis H, Sun A, 2010. Investor inattention and the market reaction to merger announcements[J]. Management science, 56(10): 1781-1793.

Love J H, Roper S, 2015. SME innovation, exporting and growth: a review of existing evidence[J]. International small business journal, 33(1): 28-48.

Lundvall K, Battese G E, 2000. Firm size, age and efficiency: evidence from Kenyan manufacturing firms[J]. The journal of development studies, 36(3): 146-163.

Luo L, 2013. Knowledge Flow Capability of "985 Universities" Based on Patent License Network[J]. Chinese Journal of Management, 10:458-462.

Ma Y Y, Liu F, Sun Y, 2011. Research on Chinese university-enterprise cooperation networks of patent applications [J]. Studies in Science of Science, 3.

Macheve B, Danilenko A, Abdullah R, et al., 2015. Measuring the Efficiency of Decision Making Units[M]. Washington, DC: World Bank.

Makri M, Lane P J, 2010. Complementary technologies, knowledge relatedness, and invention outcomes in high technology mergers and acquisitions[J]. Strategic management journal, 31(6): 602-628.

Makridakis, 2017. The Forthcoming Artificial Intelligence (AI) Revolution: Its Impact on Society and Firms[J]. Futures:S0016328717300046.

Mansfield E, 1962. Entry, Gibrat's law, innovation, and the growth of firms'

Entry [J]. Cowles foundation Discussion papers, 52(2): 369-370.

Markusen A, 1996. Sticky places in slippery space: a typology of industrial districts[J]. Economic geography, 72(3): 293-313.

Martin R, Aslesen H W, Grillitsch M, et al., 2018. Regional innovation systems and global flows of knowledge[M]//New Avenues for regional innovation systems-theoretical Advances, Empirical Cases and policy lessons. Springer, Cham, 127-147.

Maurer I, 2010. How to build trust in inter-organizational projects: the impact of project staffing and project rewards on the formation of trust, knowledge acquisition and product innovation[J]. International journal of project management, 28(7): 629-637.

McAdam M, McAdam R, Dunn A, et al., 2016. Regional horizontal networks within the SME agri-food sector: an innovation and social network perspective [J]. Regional studies, 50(8): 1316-1329.

McCann B T, Reuer J J, Lahiri N, 2016. Agglomeration and the choice between acquisitions and alliances: an information economics perspective[J]. Strategic management journal, 37(6): 1085-1106.

McCann P, Acs Z J, 2011. Globalization: countries, cities and multinationals [J]. Regional studies, 45(1): 17-32.

McCann P, Sheppard S, 2003. The rise, fall and rise again of industrial location theory[J]. Regional studies, 37(6-7): 649-663.

McDermott G A, 2007. The politics of institutional renovation and economic upgrading: recombining the vines that bind in Argentina[J]. Politics & society, 35(1): 103-144.

Meier M, 2011. Knowledge management in strategic alliances: a review of empirical evidence[J]. International journal of management reviews, 13(1): 1-23.

Mellewigt T, Madhok A, Weibel A, 2007. Trust and formal contracts in interorganizational relationships-substitutes and complements[J]. Managerial and decision economics, 28(8): 833-847.

Minguillo D, Tijssen R, Thelwall M, 2015. Do science parks promote research and technology? A scientometric analysis of the UK[J]. Scientometrics, 102 (1): 701-725.

Moon H S, Lee J D, 2005. A fuzzy set theory approach to national composite S&T indices. Scientometrics, 64(1): 67-83.

Mowery D C, Oxley J E, Silverman B S, 1998. Technological overlap and interfirm cooperation: implications for the resource-based view of the firm[J]. Research policy, 27(5): 507-523.

Nahapiet J, Ghoshal S, 1998. Social capital, intellectual capital and the organizational advantage[J]. Academy management review, 23: 242-266.

Nasir M L, John R I, Bennett S C, et al., 2000. Predicting corporate bankruptcy using artificial neural networks[J]. Journal of applied accounting research, 5(3): 30-52.

Nieto M J, Santamaría L, 2010. Technological collaboration: bridging the innovation gap between small and large firms[J]. Journal of small business management, 48(1): 44-69.

Nooteboom B, 2000. Institutions and forms of co-ordination in innovation systems[J]. Organization studies, 21(5): 915-939.

Orsi L, Ganzaroli A, De Noni I, et al., 2015. Knowledge utilisation drivers in technological M&As[J]. Technology analysis & strategic management, 27(8): 877-894.

Pakes A, Griliches Z, 1980. Patents and R&D at the firm level: a first report [J]. Economics letters, 5(4), 377-381.

Park B J, Srivastava M K, Gnyawali D R, 2014. Impact of coopetition in the alliance portfolio and coopetition experience on firm innovation [J]. Technology Analysis & strategic management, 26(8): 893-907.

Penpece D, Elma O E, 2014. Predicting sales revenue by using Artificial neural network in grocery retailing industry: a case study in Turkey[J]. International journal of trade, Economics and finance, 5(5): 435.

Pérez Nordtvedt L, Kedia B L, Datta D K, et al., 2008. Effectiveness and efficiency of cross-border knowledge transfer: an empirical examination[J]. Journal of management studies, 45(4): 714-744.

Perkmann M, Neely A, Walsh K, 2011. How should firms evaluate success in university-industry alliances? A performance measurement system[J]. R&D management, 41(2): 202-216.

Peteraf M A, 1993. The cornerstones of competitive advantage: a resource-based view[J]. Strategic management journal, 14(3): 179-191.

Phan P H, Siegel D S, Wright M, 2005. Science parks and incubators: observations, synthesis and future research[J]. Journal of business venturing,

20(2): 165-182.

Phelps C C, 2010. A longitudinal study of the influence of alliance network structure and composition on firm exploratory innovation[J]. Academy of management journal, 53(4): 890-913.

Phene A, Tallman S, Almeida P, 2012. When do acquisitions facilitate technological exploration and exploitation? [J]. Journal of management, 38(3): 753-783.

Porter M E, 1990. The competitive advantage of nations[J]. Competitive intelligence review, 1(1): 14-14.

Porter M E, 1998. Clusters and the new economics of competition[M]. Boston: Harvard business review.

Porter M E, Stern S, 2001. Innovation: location matters[J]. MIT Sloan management review, 42(4): 28.

Prabhu J C, Chandy R K, Ellis M E, 2005. The impact of acquisitions on innovation: poison pill, placebo, or tonic? [J]. Journal of marketing, 69(1): 114-130.

Rantisi N M, 2002. The local innovation system as a source of variety: openness and adaptability in New York City's garment district[J]. Regional studies, 36(6): 587-602.

Ratinho T, Henriques E, 2010. The role of science parks and business incubators in converging countries: evidence from Portugal[J]. Technovation, 30(4): 278-290.

Relich M, 2010. Assessment of task duration in investment projects[J]. Management, 14(2): 136-147.

Rhoades S A, 1993. The herfindahl-hirschman index[J]. Fed. Res. Bull. 79: 188.

Roessner J D, Porter A L, Newman N, et al., 1996. Anticipating the future high-tech competitiveness of nations: indicators for twenty-eight countries[J]. Technological forecasting and social Change, 51(2): 133-149.

Rogers M, 2004. Networks, firm size and innovation[J]. Small business economics, 22(2): 141-153.

Rosenberg N, 1982. Inside the black box: technology and economics[M]. UK: Cambridge University press.

Rumelhart D E, Hinton G E, Williams R J, 1986. Learning representations by back-propagating errors[J]. Nature, 323(6088): 533.

Ryall M D, Sampson R C, 2009. Formal contracts in the presence of relational enforcement mechanisms: evidence from technology development projects[J]. Management science, 55(6): 906-925.

Sampson R C, 2007. R&D alliances and firm performance: the impact of technological diversity and alliance organization on innovation[J]. Academy of management journal, 50(2): 364-386.

Santoro M D, 2000. Success breeds success: the linkage between relationship intensity and tangible outcomes in industry-university collaborative ventures [J]. The journal of high technology management research, 11(2): 255-273.

Santoro M D, Chakrabarti A K, 1999. Building industry-university research centers: some strategic considerations [J]. International journal of management reviews, 1(3): 225-244.

Santos-Vijande M L, Sanzo-Perez M J, Alvarez-Gonzalez L I, et al., 2005. Organizational learning and market orientation: interface and effects on performance[J]. Industrial marketing management, 34(3): 187-202.

Sarkar M B, Echambadi R A J, Harrison J S, 2001. Alliance entrepreneurship and firm market performance[J]. Strategic management journal, 22(6-7): 701-711.

Sarooghi H, Libaers D, Burkemper A, 2015. Examining the relationship between creativity and innovation: a meta-analysis of organizational, cultural, and environmental factors[J]. Journal of business venturing, 30(5): 714-731.

Scherer F M, 1965. Firm size, market structure, opportunity, and the output of patented inventions[J]. The American Economic review, 55(5): 1097-1125.

Schiffer M, Weder B, 2001. Firm size and the business environment: worldwide survey results[M]. America: World bank publications.

Schumpeter J, 1942. Creative destruction [J]. Capitalism, socialism and democracy, 825.

Sears J, Hoetker G, 2014. Technological overlap, technological capabilities, and resource recombination in technological acquisitions[J]. Strategic management journal, 35(1): 48-67.

Shang-qi S I, Feng F, 2010. Research on China's inter-regional technology transfer alliance-based on cooperative network of 38 cities[J]. Studies in science of science, 8: 009.

Shaver J M, Flyer F, 2000. Agglomeration economies, firm heterogeneity, and foreign direct investment in the United States[J]. Strategic management journal, 21(12): 1175-1193.

Shu C, Wang Q, Gao S, et al., 2015. Firm patenting, innovations, and government institutional Support as a Double-Edged Sword[J]. Journal of product innovation management, 32(2): 290-305.

Soosay C A, Hyland P W, Ferrer M, 2008. Supply chain collaboration: capabilities for continuous innovation[J]. Supply chain management: an international journal, 13(2): 160-169.

Stock G N, Greis N P, Fischer W A, 2002. Firm size and dynamic technological innovation[J]. Technovation, 22(9): 537-549.

Teece D J, Pisano G, Shuen A, 1997. Dynamic capabilities and strategic management[J]. Strategic management journal, 18(7): 509-533.

Thomassey S, Happiette M, 2007. A neural clustering and classification system for sales forecasting of new apparel items[J]. Applied soft computing, 7(4): 1177-1187.

Tödtling F, Lehner P, Kaufmann A, 2009. Do different types of innovation rely on specific kinds of knowledge interactions?[J]. Technovation, 29(1): 59-71.

Tripsas M, Gavetti G, 2000. Capabilities, cognition, and inertia: evidence from digital imaging[J]. Strategic management journal, 21(10-11): 1147-1161.

Tsai H T, Huang S Z, Wang C H, 2015. Cross-border R&D alliance networks: an empirical study of the umbilical cord blood banking industry in emerging markets[J]. Asian journal of technology innovation, 23(3): 383-406.

Tsai K H, Wang J C, 2005. Does R&D performance decline with firm size? —A reexamination in terms of elasticity[J]. Research policy, 34(6): 966-976.

Tseng F M, Hu Y C, 2010. Comparing four bankruptcy prediction models: logit, quadratic interval logit, neural and fuzzy neural networks[J]. Expert systems with applications, 37(3): 1846-1853.

Tushman M L, 1997. Winning through innovation[J]. Strategy & Leadership, 25(4): 14-19.

Tushman M L, Romanelli E, 1985. Organizational evolution: A metamorphosis model of convergence and reorientation[J]. Research in Organizational Behavior, 7:171-222.

Uzzi B, 1997. Social structure and competition in interfirm networks: the paradox of embeddedness[J]. Administrative science quarterly, 35-67.

Uzzi B, Lancaster R, 2003. Relational embeddedness and learning: the case of bank loan managers and their clients[J]. Management science, 49(4): 383-399.

Van Wijk R, Jansen J J P, Lyles M A, 2008. Inter- and intra- organizational knowledge transfer: a meta-analytic review and assessment of its antecedents and consequences[J]. Journal of management studies, 45(4): 830-853.

Vandaie R, Zaheer A, 2014. Surviving bear hugs: firm capability, large partner alliances, and growth[J]. Strategic management journal, 35(4): 566-577.

Vásquez-Urriago Á R, Barge-Gil A, Rico A M, 2016. Science and technology parks and cooperation for innovation: empirical evidence from Spain[J]. Research policy, 45(1): 137-147.

Wang J, Robson P, Freel M, 2015. The financing of small firms in Beijing, China: exploring the extent of credit constraints[J]. Journal of small business and enterprise development, 22(3): 397-416.

Wang L, Madhok A, Xiao Li S, 2014. Agglomeration and clustering over the industry life cycle: toward a dynamic model of geographic concentration[J]. Strategic management journal, 35(7): 995-1012.

Wassmer U, Dussauge P, 2012. Network resource stocks and flows: how do alliance portfolios affect the value of new alliance formations?[J]. Strategic management journal, 33(7): 871-883.

Wassmer U, Li S, Madhok A, 2017. Resource ambidexterity through alliance portfolios and firm performance[J]. Strategic management journal, 38(2): 384-394.

Werbos P, 1974. Beyond Regression: New Tools for Prediction and Analysis in the Behavioral Sciences[D]. Boston: Harvard University.

Wernerfelt B, 1984. A resource-based view of the firm[J]. Strategic management journal, 5(2): 171-180.

Williamson O E, 1975. Markets and Hierarchies: A study in the Economics of Internal Organization[M]. New York: The Free Press, 2630.

Wong K Y, Tan L P, Lee C S, et al., 2015. Knowledge management performance measurement: measures, approaches, trends and future directions[J]. Information development, 31(3): 239-257.

Wuyts S, Dutta S, 2014. Benefiting from alliance portfolio diversity: the role of past internal knowledge creation strategy[J]. Journal of management, 40(6): 1653-1674.

Xie K, Yu S, Zhang W, et al., 2018. Technological entrepreneurship in science parks: A case study of Wuhan Donghu High-Tech Zone[J]. Technological Forecasting & Social Change:S0040162518301100.

Yang C S, Wei C P, Chiang Y H, 2014. Exploiting technological indicators for effective technology merger and acquisition (M&A) predictions[J]. Decision sciences, 45(1): 147-174.

Yang D, Wang A X, Zhou K Z, et al., 2018. Environmental strategy, institutional force, and innovation Capability: a managerial Cognition perspective[J]. Journal of business Ethics, 2018: 1-15.

Yang H, Zheng Y, Zhao X, 2014. Exploration or exploitation? Small firms' alliance strategies with large firms[J]. Strategic management journal, 35(1): 146-157.

Yoshino M Y, Rangan U S, 1995. Strategic alliances: an entrepreneurial approach to globalization[J]. Long Range Planning, 29(6):1241.

Zakharova E N, Prokhorova V V, Shutilov F V, et al., 2015. Modern tendencies of cluster development of regional economic systems [J]. Mediterranean journal of social sciences, 6(5 S3): 154.

Zhang J, Jiang H, Wu R, et al., 2018. Reconciling the dilemma of Knowledge sharing: a network pluralism framework of firms' R&D Alliance network and innovation performance[J]. Journal of management, 0149206318761575.

Zheng Y, Yang H, 2015. Does familiarity foster innovation? The impact of Alliance partner repeatedness on breakthrough innovations[J]. Journal of management studies, 52(2): 213-230.

Zhou K Z, Caroline Bingxin L I, 2012. How knowledge affects radical innovation: knowledge base, market knowledge acquisition, and internal knowledge sharing[J]. Strategic management journal, 33(9): 1090-1102.

白贵玉, 徐向艺, 徐鹏, 2015. 企业规模、动态竞争行为与企业绩效——基于高科技民营上市公司面板数据[J]. 经济管理(7): 54-63.

包彦明, 2006. 基于复杂性科学的高新技术园区生命周期研究[D]. 北京:北京信息控制研究所.

曾德明, 骆建栋, 覃荔荔, 2009. 基于耗散结构理论的高新技术产业集群开放性研究[J]. 科技进步与对策, 26(11): 48-51.

陈凯华，官建成，寇明婷，等，2013．网络DEA模型在科技创新投资效率测度中的应用研究[J]．管理评论，25(12)：3-14+68．

陈琨，周永根，杨国梁，2016．企业规模、政府资助强度对产学研创新绩效的影响研究[J]．科学管理研究，34(02)：9-12．

陈向东，刘志春，2014．基于创新生态系统观点的我国科技园区发展观测[J]．中国软科学(11)：151-161．

戴西超，谢守祥，丁玉梅，2006．企业规模、所有制与技术创新——来自江苏省工业企业的调查与实证[J]．软科学(06)：114-116+121．

邓渝，范莉莉，2012．团队异质性对团队任务绩效影响的实证研究——以对待异质性态度为有中介的调节变量[J]．中国科技论坛(12)：113-119．

刁丽琳，朱桂龙，2014．产学研合作中的契约维度、信任与知识转移——基于多案例的研究[J]．科学学研究，32(06)：890-901．

丁元杰，2015．联盟能力、创新网络与创新绩效的关系研究[D]．杭州：浙江工业大学．

冯雪飞，戴立新，2011．辽宁省产学研联盟创新发展研究——基于产业集群理论的视角[J]．科技进步与对策，28(20)：37-41．

付向梅，曹霞，2015．产学研联盟社会资本的形成机理及仿真分析——基于最优投资视角[J]．科学学与科学技术管理，36(01)：99-107．

傅首清，2010．区域创新网络与科技产业生态环境互动机制研究——以中关村海淀科技园区为例[J]．管理世界(6)：8-13．

高良谋，李宇，2009．企业规模与技术创新倒U关系的形成机制与动态拓展[J]．管理世界(8)：113-123．

龚丽敏，江诗松，魏江，2012．产业集群创新平台的治理模式与战略定位：基于浙江两个产业集群的比较案例研究[J]．南开管理评论，15(2)：59-69．

官建成，何颖，2009．科学—技术—经济的联结与创新绩效的国际比较研究[J]．管理科学学报，12(5)：61-77．

郭岚，张祥建，2005．基于网络外部性的价值模块整合与兼容性选择[J]．中国工业经济(04)：103-110．

洪嵩，2015．政府R&D资助、企业R&D投入与高技术产业创新效率的关系研究[D]．合肥：中国科学技术大学．

贾俊颖，2017．基于交叉效率DEA模型的智能制造企业绩效评价研究[D]．哈尔滨：哈尔滨工业大学．

江剑，官建成，2008．中国中低技术产业创新效率分析[J]．科学学研究，26(6)：1325-1332．

解柠羽,2011.美日汽车产业集群生命周期比较研究[D].长春:吉林大学.

金玲娣,陈国宏,2001.企业规模与R&D关系实证研究[J].科研管理,22(1):51-57.

李东红,2002.企业联盟研发:风险与防范[J].中国软科学,(10):47-50.

李婧,管莉花,2014.区域创新效率的空间集聚及其地区差异——来自中国的实证[J].管理评论,26(8):127-134.

李培馨,谢伟,2011.影响技术并购效果的关键因素[J].科学学与科学技术管理,32(05):5-10.

李元旭,姚明晖,2013.产业集聚度与企业成长的倒U形关系研究——基于广东省制造业上市公司面板数据的实证分析[J].复旦学报(社会科学版),55(06):131-142+180.

刘志春,陈向东,2015a.基于时滞效应的我国科技园区创新效率评价[J].管理学报,12(5):727-732.

刘志春,陈向东,2015b.科技园区创新生态系统与创新效率关系研究[J].科研管理,36(2):26-31.

聂根红,石卫红,1991.我国企业规模结构合理化初探[J].经济问题(7):30-33.

潘剑英,2014.科技园区创业生态系统特征与企业行动调节机制研究[D].杭州:浙江大学.

秦玮,徐飞,2014.产学研联盟动机、合作行为与联盟绩效[J].科技管理研究,34(08):107-111+116.

司尚奇,冯锋,2009.基于共生网络的我国跨区域技术转移联盟研究[J].科学学与科学技术管理,30(10):48-52.

司尚奇,冯锋,2010.我国跨区域技术转移联盟研究——基于38个城市合作网络分析[J].科学学研究,28(08):1165-1170.

宋铁波,钟槟,2013.跨区域战略联盟绩效关系研究[J].科学学与科学技术管理,34(03):42-50.

孙晓华,王昀,2014.企业规模对生产率及其差异的影响——来自工业企业微观数据的实证研究[J].中国工业经济(5):57-69.

孙忠娟,谢伟,2011.核心能力、整合能力及方向与并购绩效的关系[J].科学学与科学技术管理,32(08):117-121.

田志龙,高勇强,卫武,2003.中国企业政治策略与行为研究[J].管理世界(12):98-106.

万幼清,王云云,2014.产业集群协同创新的企业竞合关系研究[J].管理世界,(8):175-176.

汪之明，2010．产学研联盟利益分配机制研究［D］．大连：大连理工大学．

王博，2014．基于新型网络 DEA 模型的高技术产业创新活动效率研究［D］．合肥：中国科学技术大学．

王毅，吴贵生，2001．产学研合作中粘滞知识的成因与转移机制研究［J］．科研管理（06）：114-121．

王喆，2015．技术并购对企业效益影响的研究［D］．北京：北京交通大学,．

王珍义，徐雪霞，伍少红，等，2015．技术并购、相对技术差异与技术创新［J］．科技进步与对策，32(12)：19-24．

王志红，王华珍，2009．基于随机森林的基金评级模型选择［J］．财务与金融（01）：65-70．

卫武，2006．中国环境下企业政治资源、政治策略和政治绩效及其关系研究［J］．管理世界（2）：95-109．

魏谷，孙启新，2014．组织资源、战略先动性与中小企业绩效关系研究——基于资源基础观的视角［J］．中国软科学（9）：117-126．

吴松强，曹刘，王路，2017．联盟伙伴选择、伙伴关系与联盟绩效——基于科技型小微企业的实证检验［J］．外国经济与管理，39(02)：17-35．

肖斌卿，杨旸，李心丹，等，2016．基于模糊神经网络的小微企业信用评级研究［J］．管理科学学报，19(11)：114-126．

胥朝阳，黄晶，颜金秋，等，2009．上市公司技术并购绩效研究［J］．中大管理研究，4(04)：18-34．

徐金发，余园园，2006．基于产业集群生命周期理论的研究与探讨［J］．技术经济，25(10)：32-35．

徐路，2009．基于决策树的数据挖掘算法的研究及其在实际中的应用［D］．四川：电子科技大学．

颜莉，2012．我国区域创新效率评价指标体系实证研究［J］．管理世界（5）：174-175．

詹也，2013．联盟组合管理能力对企业绩效的作用机制研究［D］．杭州：浙江大学．

张弛，余鹏翼，2017．并购类型会影响中国企业技术并购绩效吗——对横向、纵向和混合并购的比较研究［J］．科技进步与对策，34(07)：76-81．

张公一，2010．基于跨国技术联盟的合作创新机理研究［D］．长春：吉林大学．

张江峰，2010．企业组织惯性的形成及其对绩效的作用机制研究［D］．成都：西南财经大学．

赵炎，王琦，郑向杰，2016．网络邻近性、地理邻近性对知识转移绩效的影响［J］．

科研管理，V37(1)：128-136.

仲伟俊，梅姝娥，谢园园，2009. 产学研合作技术创新模式分析[J]. 中国软科学(8)：174-181.

朱建民，史旭丹，2015. 产业集群社会资本对创新绩效的影响研究——基于产业集群生命周期视角[J]. 科学学研究，33(3)：449-459.

朱廷柏，2006. 企业联盟内的组织间学习研究[D]. 济南：山东大学.

后　　记

本书的内容主要是我在清华大学经济管理学院攻读博士学位期间的研究成果。本书的顺利完成，首先得益于我的导师李纪珍老师。在我初入师门时，是您一字一句地带我攀登学术的天梯；在我犹豫退缩时，是您春风化雨般令我重拾直面困境的勇气；在我懒惰倦怠时，是您辞色俱厉的劝勉令我如梦方醒；在我立志奋进时，是您千方百计地为我创造种种学术交流的机会。读博期间，是您秉烛先行，照亮了我脚下的每一步路。您总是因材施教，善意地尊重每个学生的人生选择；您总是慷慨相助，真诚地为我们提供科研所需的一切资源。成为您的学生，是我一生的荣幸。

读博期间，感谢国家留学基金管理委员会对我在牛津大学访学的资助，让我有机会远赴英国，在那座优雅的古城里，感受文化沉淀的魅力。感谢牛津大学的傅晓岚教授，在我对于学术研究尚且无所适从时，字斟句酌地圈点我的论文，饱含热情地鼓励我参与研讨会议。即使在我回国之后，傅老师仍多次与我远程视频连线，耐心辅导我数据处理与论文写作的细节，为我学术水平的提升付出了宝贵的时间和心血。我将永远想念牛津那湛蓝静美的天空、树木葱茏的沃野和书店林立的宽街。

感谢中国科学院大学的官建成教授，在本书的写作过程中，用深厚的学术素养为我提供了许多富有价值的指导意见，更以求真务实的态度、笃学不倦的精神为我树立了学者的典范。感谢清华大学的王毅、李习保、金占明、高旭东、谢真臻、吴蕊等老师，对我本书的理论假设与数据部分提出了许多改进建议。感谢导师组的师兄师姐们在我博士生涯中对我无私的帮助和及时的指引，你们扎实严谨的学术成果，与数年如一日的古道热肠，是我前进路上的榜样。感谢博士班的同窗日复一日与我分享前沿的观点、碰撞思想的火花。

感谢父母在本书写作期间给予我的无条件支持。母亲对于科研事业的孜孜以求，令我自幼耳濡目染。而今我也走上了学术之路，更加感念您前半生工作与家庭兼顾的奔波劳苦。感谢父亲一直很少干涉我的生活，却默默地用他那些最质朴的人生信条感染着我。感谢先生对我日复一日的体谅与照顾，让我疲惫的灵魂有了栖息之处。纸短情长,余生让我们携手成长。

感谢姥姥、姥爷对我的抚育。姥姥当年在贫苦的环境中考入师范学校,一生之中弦歌不辍,极为重视对子女的教育。难忘童年时姥姥拖着病弱的身体,一次次为我手写语文范文集、奥数习题集。而姥爷一生南征北战,有着逢苦不忧的达观与坚韧不屈的性格,是我人生中最初的楷模。遗憾的是在本书创作期间,姥爷罹患肺癌,离开了这个世界。此时此刻最骄傲的成就不能与最重要的人分享,也许这就是人生的无奈之处。谨以此书献给我爱的姥姥、姥爷,愿这篇拙作能够告慰二老的在天之灵。

感谢母校清华大学,从踏入校门的那一刻起,一天天引导我领略如斯广阔的世界。在这里我度过了人生中最劳累也最充实的五年,高强度的课业任务、接二连三的国际会议、国内外知名学者的专题讲座,滋养了我求知若渴的青春。感谢这座美丽的园子,沐浴在宁静的荷塘月色之中,我不再寻求物质带来的欢娱,而是学会了从"一箪食、一瓢饮"的平淡生活里挖掘生命的深度。

感谢求学路上历经风雨、永不言弃的自己。也许只有这样,人生才有了份量。本书的完成,是我学生时代的结束,也是我学术生涯中一个崭新的起点。

——我离开了清华,从此拥有了它的一切。